"十三五"国家重点图书出版规划项目
交通运输科技丛书·绿色交通

U0823970

Potential Analysis and Financial Strategy of Transportation Energy Saving and Low Carbon Development

交通运输节能低碳的潜力分析及资金策略

黄全胜　王靖添　闫　琰　宋媛媛　著

人民交通出版社股份有限公司
China Communications Press Co.,Ltd.

内 容 提 要

本书首先对中国交通运输行业低碳发展现状进行了梳理,对交通运输行业节能减排的关键因素和措施进行了系统分析。其次构建了中国交通运输行业碳排放预测模型,并设立四种情景来探讨未来中国交通运输行业低碳发展潜力。最后对交通运输行业节能低碳发展的资金需求进行了估算,并提出了资金来源方案。

本书适合从事交通运输节能低碳研究的专业技术人员以及交通运输行业从事绿色交通工作的管理人员阅读和参考。

图书在版编目(CIP)数据

交通运输节能低碳的潜力分析及资金策略 / 黄全胜等著. — 北京 : 人民交通出版社股份有限公司, 2018.11

ISBN 978-7-114-15123-1

Ⅰ. ①交… Ⅱ. ①黄… Ⅲ. ①交通运输业—节能—研究—中国 Ⅳ. ①F512.3

中国版本图书馆 CIP 数据核字(2018)第 256214 号

"十三五"国家重点图书出版规划项目
交通运输科技丛书 · 绿色交通

书　　名: 交通运输节能低碳的潜力分析及资金策略
著 作 者: 黄全胜　王靖添　闫　琰　宋媛媛
责任编辑: 潘艳霞
责任校对: 张　贺
责任印制: 张　凯
出版发行: 人民交通出版社股份有限公司
地　　址: (100011)北京市朝阳区安定门外外馆斜街 3 号
网　　址: http://www.ccpress.com.cn
销售电话: (010)59757973
总 经 销: 人民交通出版社股份有限公司发行部
经　　销: 各地新华书店
印　　刷: 北京虎彩文化传播有限公司
开　　本: 787×1092　1/16
印　　张: 7
字　　数: 153 千
版　　次: 2019 年 3 月　第 1 版
印　　次: 2019 年 3 月　第 1 次印刷
书　　号: ISBN 978-7-114-15123-1
定　　价: 56.00 元
(有印刷、装订质量问题的图书,由本公司负责调换)

交通运输科技丛书编审委员会

（委员排名不分先后）

顾　问： 陈　健　周　伟　成　平　姜明宝

主　任： 庞　松

副主任： 洪晓枫　袁　鹏

委　员： 石宝林　张劲泉　赵之忠　关昌余　张华庆

郑健龙　沙爱民　唐伯明　孙玉清　费维军

王　炜　孙立军　蒋树屏　韩　敏　张喜刚

吴　澎　刘怀汉　汪双杰　廖朝华　金　凌

李爱民　曹　迪　田俊峰　苏权科　严云福

总　序

科技是国家强盛之基，创新是民族进步之魂。中华民族正处在全面建成小康社会的决胜阶段，比以往任何时候都更加需要强大的科技创新力量。党的十八大以来，以习近平同志为总书记的党中央作出了实施创新驱动发展战略的重大部署。党的十八届五中全会提出必须牢固树立并切实贯彻创新、协调、绿色、开放、共享的发展理念，进一步发挥科技创新在全面创新中的引领作用。在最近召开的全国科技创新大会上，习近平总书记指出要在我国发展新的历史起点上，把科技创新摆在更加重要的位置，吹响了建设世界科技强国的号角。大会强调，实现"两个一百年"奋斗目标，实现中华民族伟大复兴的中国梦，必须坚持走中国特色自主创新道路，面向世界科技前沿、面向经济主战场、面向国家重大需求。这是党中央综合分析国内外大势、立足我国发展全局提出的重大战略目标和战略部署，为加快推进我国科技创新指明了战略方向。

科技创新为我国交通运输事业发展提供了不竭的动力。交通运输部党组坚决贯彻落实中央战略部署，将科技创新摆在交通运输现代化建设全局的突出位置，坚持面向需求、面向世界、面向未来，把智慧交通建设作为主战场，深入实施创新驱动发展战略，以科技创新引领交通运输的全面创新。通过全行业广大科研工作者长期不懈的努力，交通运输科技创新取得了重大进展与突出成效，在黄金水道能力提升、跨海集群工程建设、沥青路面新材料、智能化水面溢油处置、饱和潜水成套技术等方面取得了一系列具有国际领先水平的重大成果，培养了一批高素质的科技创新人才，支撑了行业持续快速发展。同时，通过科技示范工程、科技成果推广计划、专项行动计划、科技成果推广目录等，推广应用了千余项科研成果，有力促进了科研向现实生产力转化。组织出版"交通运输建设科技丛书"，是推进科技成果公开、加强科技成果推广应用的一项重要举措。"十二五"期间，该丛书共出版 72 册，全部列入"十二五"国家重点图书出版规划项目，其中 12 册获得国家出版基金支持，6 册获中华优秀出版物奖图书提名奖，行业影响力和社会知名度不断扩大，逐渐成为交通运输高端学术交流和科技成果公开的重要平台。

"十三五"时期，交通运输改革发展任务更加艰巨繁重，政策制定、基础设施建设、运输管理等领域更加迫切需要科技创新提供有力支撑。为适应形势变化的需要，在以往工作的基础上，我们将组织出版“交通运输科技丛书”，其覆盖内容由建设技术扩展到交通运输科学技术各领域，汇集交通运输行业高水平的学术专著，及时集中展示交通运输重大科技成果，将对提升交通运输决策管理水平、促进高层次学术交流、技术传播和专业人才培养发挥积极作用。

当前，全党全国各族人民正在为全面建成小康社会、实现中华民族伟大复兴的中国梦而团结奋斗。交通运输肩负着经济社会发展先行官的政治使命和重大任务，并力争在第二个百年目标实现之前建成世界交通强国，我们迫切需要以科技创新推动转型升级。创新的事业呼唤创新的人才。希望广大科技工作者牢牢抓住科技创新的重要历史机遇，紧密结合交通运输发展的中心任务，锐意进取、锐意创新，以科技创新的丰硕成果为建设综合交通、智慧交通、绿色交通、平安交通贡献新的更大的力量！

杨传堂

2016 年 6 月 24 日

序

2018年盛夏，交通运输部规划研究院低碳研究团队的《交通运输节能低碳的潜力分析及资金策略》成果定稿付梓，邀序之。通览之，深感著者在交通运输低碳研究领域之权威、技术经济分析之深入、数据信息之翔实、情景选择之务实、决策参考之价值，又鉴全球应对气候变化潮流汹涌、中国生态文明建设加速低碳进程、供给侧消费侧低碳变革日新月异，欣然允之。然交通运输低碳研究不多，不敢贸然，且漫谈观感，权且代为序也。

《巴黎气候协定》于2015年12月12日在巴黎气候变化大会上通过、2016年4月22日在纽约签署，该协议明确了碳排放尽早达峰的近期目标、2050年以后实现净零排放的中远期目标和本世纪末温度升幅相对于工业革命前不高于2℃的愿景目标。巴黎目标所给出的市场导向，是确定的；市场预期给投资者的信号，是明确的。2017年以来，一些国家明确了在2035年前后禁止燃油汽车上市的时间表。由于投资回报周期多为30年甚至更为长远，科研经费的投入，显然不会大规模投向内燃机车的升级技术；投资商也不会将资金大规模地用来建立或扩大常规燃油汽车的生产。这也是为什么美国宣布退出巴黎协定，全球低碳大潮势头不减的原因。

中国进入21世纪后，能源消费总量快速大幅上升，温室气体排放总量和人均排放量也在10年内超过美国和世界人均水平。但是，中国节能减排、可再生能源发展的速度和规模也在2005—2015年内迅猛发展，成为世界引领者。中国生态文明建设的人与自然和谐共生的价值理念和成功实践，也为全球低碳转型提供了可资借鉴的解决方案。2018年，中国纯电动汽车的生产规模和销售可望突破100万辆，2020年预计可达200万辆。中国积极参与应对全球气候变化，表现了国际责任担当，表现了对人类负责的态度；中国作为气候变化的脆弱区高风险影响区，减缓和适应气候变化，是国内可持续发展的需要；中国缺油少气的资源禀赋和大气污染的严峻现实，是国民经济和社会发展能源安全和环境安全的需要。

然而，中国的低碳发展、挑战和路径显然有别于发达国家。发达经济体的交通排放一般要占排放总量的1/4或更多，但需求已经饱和，不会有新的需求增长。中国作为新兴经济体，排放的主体还在生产侧，第二产业排放占比是发达国家的一倍以上,而交通占比不到发达国家的一半。2010 年以来,中国成为世界第一大汽车生产和消费国。至 2017 年底,全国汽车保有量突破 3.1 亿辆,尽管千人汽车拥有量不足美国 1/3,但总量比美国高出 1/5。便捷出行是人民对美好生活需求的一个重要体现。远距离出行有飞机,中远距离出行有高铁,近距离在公交出行不方便或不快捷的情况下,私家车自然成为美好生活不可或缺的一部分。这就意味着,随着经济发展和收入水平提高,中国的私家车数量还将有较大幅度的增加。如果采用常规的内燃发动机,燃油效率提升的速度远远不能抵消汽车数量的增长,而且由于中国文化对宽敞舒适或者说奢华的追求,小排量汽车一般不会成为中高端消费群体的首选。对于以液态化石燃料为动力的飞机、汽车、海洋运输,或以煤电为动力的高铁,减少温室气体排放,成本高企就成为必然结果。交通运输部规划研究院低碳研究团队严谨认真地分析对现有交通运输模式和未来交通运输需求的技术经济,充分表明了这一点。交通运输领域节能低碳的潜力与资金筹措,显然是一个战略性重大、现实性迫切的挑战性课题,需要研究。

习近平总书记在 2018 年 5 月全国生态环境保护大会上的讲话中,明确要求建立产业生态化、生态产业化的生态文明经济体系。这就要求创新,包括改进型创新和颠覆型创新。提高机动车燃油效率、优化行车路线、减少交通拥堵,以降低油耗而减排,幅度可达几个百分点甚至更高。但是,改进型技术创新有两个需求侧的效应,难以从根本上大幅减排:一是技术反弹效应,即燃油效率提高了,消费者在成本效应影响下,可能行驶更多的里程,而并不减少总油耗;二是规模效应,即市场规模扩大数量增加而抵消单车的效率提升所降低的油耗量。颠覆型创新另辟蹊径,颠覆性地破坏现有技术而取而代之。纯电动汽车动力源不是液态化石能源,而采用电动引擎,全然不同于内燃机。作为交通基础设施的公路,也可以敷设太阳光伏发电装置,而成为电力生产设施。车站、码头都有较大的太阳辐射的空间面积,原则上都可以成为电力生产设施。当然,还有体制机制上的创新。公共交通是一种共享,单体的乘用车,也可以共享,对于消费者,不在于拥有,而在于使用。这样,无须人人拥有汽车,却可以保障人人有车可用。不仅减少汽车保有量,而且降低了家庭汽车的持有成本。可见,低碳交通,并不必然意味着负担,完全可以通过产业低碳化,使低碳成为经济增长新动能。

交通运输,是一个系统,除狭义的交通工具例如汽车、火车、飞机、轮船以外,也包括公路、车站、机场、码头等硬件基础设施,还包括信息、调度、管理等软性基础设施。交通运输部规划研究院低碳交通研究团队对硬件和软性基础设施采用改进型创新措施从而达到节能低碳，也对翔实数据进行分析。如果考虑颠覆型技术创新的应用，将高速公路、高速铁路、车站、机场、码头的空间加以利用，使之成为零碳能源的生产提供来源，当然也就不需要高污染、高对外依赖的液态化石燃料和内燃机车。2008 年，光伏发电的成本，是每千瓦时 4 元；2013 年，是 2 元；三年前，是 1 元；2017 年，是 0.5 元。2018 年，中国公司在中东的报价是 0.16 元，国内格尔木领跑基地的报价也低至 0.31 元，比当地脱硫煤电的标杆电价低 20%。低碳投入，带来的是有高产出、高回报的零碳电力，市场融资的竞争力自然就提升了。中国交通运输领域的低碳，按常规的技术，可以不断改进，但是，难以满足《巴黎气候协定》目标的要求，对能源安全和污染控制，也存在巨大挑战。如果进行全方位、系统性、颠覆型的全面低碳创新，则低碳交通成本竞争优势凸现，前景广阔。

中国社会科学院学部委员、城市发展与环境研究所所长、研究员：

2018 年 8 月

目　　录

1 交通运输行业发展现状与能耗及碳排放水平

1.1 交通运输行业基础设施现状

1.1.1 道路运输

(1)公路

2017 年末全国公路总里程 477.35 万 km,比上年增加 7.83 万 km。公路密度 49.72km/百 km^2,增加 0.81km/百 km^2(图 1-1)。公路养护里程 467.46 万 km,占公路总里程的 97.9%。

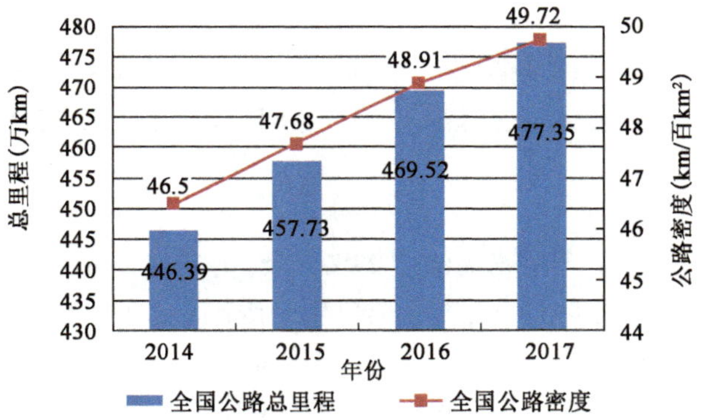

图 1-1 2013~2017 年全国公路总里程及公路密度

全国四级及以上等级公路里程 433.86 万 km,比 2016 年增加 11.31 万 km,占公路总里程的 90.9%,提高 0.9 个百分点。二级及以上等级公路里程 62.22 万 km,增加 2.28 万 km,占公路总里程的 13.0%,提高 0.3 个百分点。高速公路里程 13.65 万 km,增加 0.65 万 km;高速公路车道里程 60.44 万 km,增加 2.90 万 km。国家高速公路 10.23 万 km,增加 0.39 万 km。

全国通公路的乡(镇)占全国乡(镇)总数 99.99%,其中通硬化路面的乡(镇)占全国乡(镇)总数的 99.39%,比 2016 年提高 0.38 个百分点;通公路的建制村占全国建制村总数的 99.98%,其中通硬化路面的建制村占全国建制村总数的 98.35%,提高 1.66 个百分点。全国公路桥梁 83.25 万座、5225.62 万 m,比 2016 年增加 2.72 万座、308.66 万 m,其中特大桥梁 4646 座、826.72 万 m,大桥 91777 座、2424.37 万 m。全国公路隧道 16229 处、1528.51 万 m,增加 1048 处、124.54 万 m,其中特长隧道 902 处、401.32 万 m,长隧道 3841 处、659.93 万 m。

(2)城市交通

2017年末全国拥有公共汽电车运营线路56786条,比2016年增加3997条,运营线路总长度106.9万km,增加8.82万km。其中,公交专用车道10914.5km,增加1136.7km;BRT线路长度3424.5km。轨道交通运营线路149条,增加25条,运营线路总长度4484.2km,增加756.7km;其中,地铁线路124条、3976.9km,轻轨线路6条、203.0km。城市客运轮渡运营航线92条,减少20条,运营航线总长度434.9km,减少70.1km。

1.1.2 水路运输

(1)内河航道

2017年末全国内河航道通航里程12.70万km,比2016年减少80km。等级航道6.62万km,占总里程的52.1%,下降0.2个百分点。其中三级及以上航道1.25万km,占总里程的9.8%,提高0.3个百分点(图1-2)。

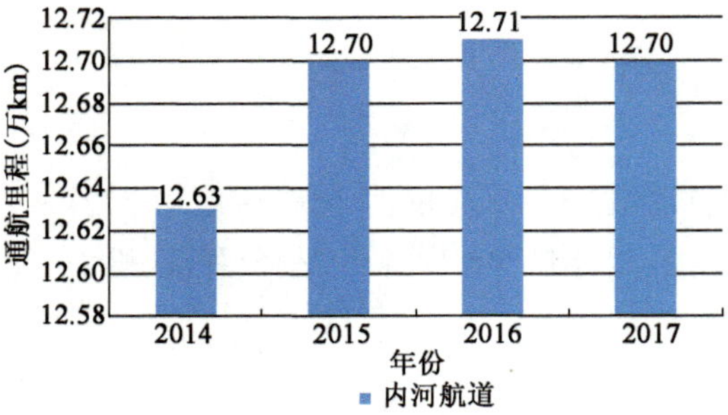

图1-2 2014~2017年全国内河航道通航里程

各等级内河航道通航里程分别为:一级航道1546km,二级航道3999km,三级航道6913km,四级航道10781km,五级航道7566km,六级航道18007km,七级航道17348km。等外航道6.09万km。各水系内河航道通航里程分别为:长江水系64857km,珠江水系16463km,黄河水系3533km,黑龙江水系8211km,京杭运河1438km,闽江水系1973km,淮河水系17507km。

(2)港口

2017年末全国港口拥有生产用码头泊位27578个,比2016年减少2810个。其中,沿海港口生产用码头泊位5830个,减少57个;内河港口生产用码头泊位21748个,减少2753个。全国港口拥有万吨级及以上泊位2366个,比2016年增加49个。其中,沿海港口万吨级及以上泊位1948个,增加54个;内河港口万吨级及以上泊位418个,减少5个(表1-1)。全国万吨级及以上泊位中,专业化泊位1254个,比上年增加31个;通用散货泊位513个,增加7个;通用件杂货泊位388个、增加7个。

2017年全国港口万吨级及以上泊位(单位:个) 表1-1

泊位吨级	全国港口	沿海港口	内河港口
合计	2366	1948	418
1万~3万吨级(不含3万)	834	651	183
3万~5万吨级(不含5万)	399	285	114
5万~10万吨级(不含10万)	762	653	109
10万吨级及以上	371	359	12

1.1.3 铁路运输

2017年末全国铁路营业里程达到12.7万km,比2016年增长2.4%,其中高铁营业里程

2.5 万 km。全国铁路路网密度 132.2km/万 km^2，增加 3.0km/万 km^2。铁路营业里程中，复线里程 7.2 万 km，比 2016 年增长 5.4%；电气化里程 8.7 万 km，增长 7.8%（图 1-3）。

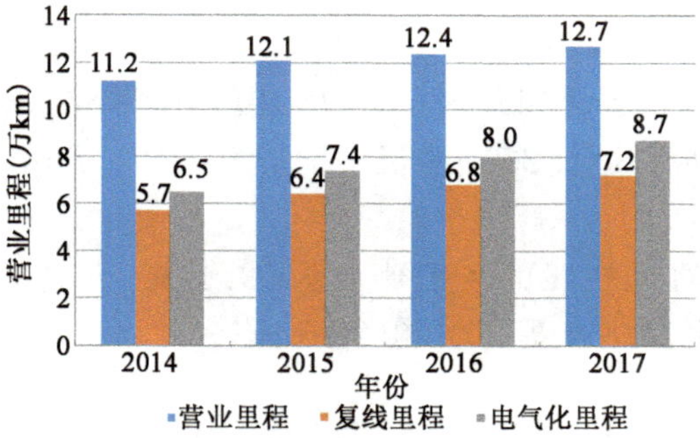

图 1-3　2014～2017 年全国铁路营业里程

1.1.4　航空运输

2017 年末共有颁证民用航空机场 229 个，比 2016 年增加 11 个，其中定期航班通航机场 228 个，定期航班通航城市 224 个。年旅客吞吐量达到 100 万人次以上的通航机场有 84 个，比 2016 年增加 7 个，年旅客吞吐量达到 1000 万人次以上的有 32 个，增加 4 个。年货邮吞吐量达到 10000t 以上的有 52 个，增加 2 个。

1.2　交通运输行业运输需求现状

交通运输是国民经济和社会发展的基础性、先导性和服务性行业，在过去 30 年间随着中国经济的快速发展，中国交通运输行业客货运输周转量均呈现出持续较快的上升趋势。

2017 年，全社会完成客运量 184.86 亿人、旅客周转量 32812.55 亿人 · km，货运量 472.43 亿 t、货物周转量 192588.50 亿 t · km，比 2016 年分别下降 2.7%、增长 5.0%、增长 9.5% 和增长 5.6%。

从客运结构来看，铁路、公路是主要的运输方式，铁路运输客运周转量自高铁开通以来，呈现较快的增长趋势。随着国民经济收入的提升，民航客运周转量自 2000 年也呈现快速增长的趋势。

从货运结构来看，公路、水路、铁路是主要的运输方式。水路运输和铁路运输一直是中国货运的主要方式，公路运输占比在近年呈现快速增加趋势（图 1-4、图 1-5）。

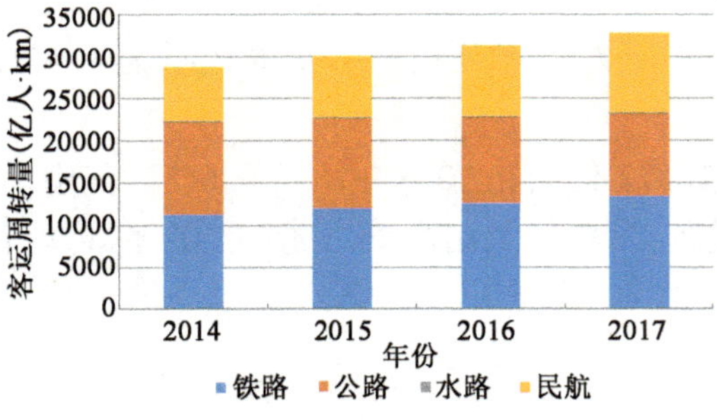

图 1-4　2014～2017 中国交通运输客运周转量

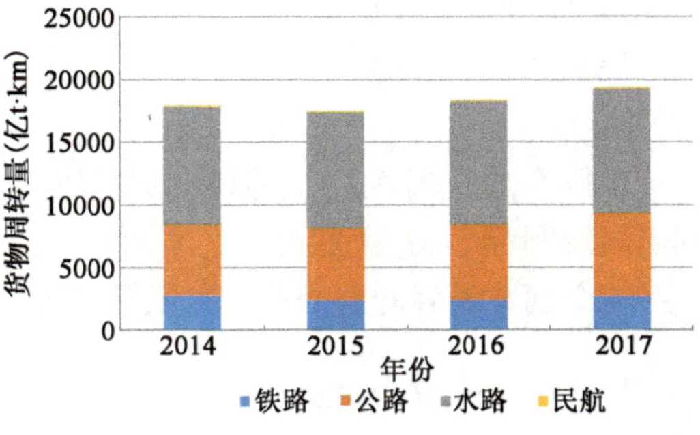

图 1-5　2014～2017 中国交通运输货运周转量

1.2.1 道路运输

（1）公路运输

2017全年完成营业性客运量145.68亿人，比2016年下降5.6%，旅客周转量9765.18亿人·km，下降4.5%。完成货运量368.69亿t，增长10.3%，货物周转量66771.52亿t·km，增长9.3%。

2017年末全国开通客运线路的乡镇比例为99.12%，开通客运线路的建制村比例为95.85%，建制村通车率比2016年提高0.48个百分点。

（2）城市客运

2017全年完成城市客运量1272.15亿人，比2016年下降1.0%。其中，公共汽电车完成客运量722.87亿人，下降3.0%，再其中BRT客运量21.96亿人次，增长24.4%；公共汽电车运营里程355.20亿km，下降0.9%。轨道交通完成183.05亿人，增长13.3%，运营里程5.07亿列·km，增长17.1%。巡游出租车完成365.40亿人，下降3.2%。客运轮渡完成0.83亿人，下降11.5%。

1.2.2 水路运输

（1）水路运输

2017全年完成客运量2.83亿人，比2016年增长3.9%，旅客周转量77.66亿人·km，增长7.4%。完成货运量66.78亿t，增长4.6%，货物周转量98611.25亿t·km，增长1.3%。其中，内河运输完成货运量37.05亿t、货物周转量14948.68亿t·km；沿海运输完成货运量22.13亿t、货物周转量28578.71亿t·km；远洋运输完成货运量7.60亿t、货物周转量55083.86亿t·km。

（2）港口生产

2017年全国港口完成旅客吞吐量1.85亿人，比2016年增长0.2%。其中，沿海港口完成0.87亿人，增长5.7%；内河港口完成0.98亿人，下降4.1%。全年我国邮轮完成旅客运输量243万人，增长11.6%。全国港口完成货物吞吐量140.07亿t，比增长6.1%。其中，沿海港口完成90.57亿t，增长7.1%；内河港口完成49.50亿t，增长4.3%（图1-6）。

2017年全国港口完成集装箱吞吐量23838万TEU，比2016年增长8.3%。其中，沿海港口完成21099万TEU，增长7.7%；内河港口完成2739万TEU，增长13.4%。全国规模以上港口完成集装箱铁水联运量348万TEU，占规模以上港口集装箱吞吐量的比重为1.47%（图1-7）。

2017年全国规模以上港口完成货物吞吐量126.72亿t，比2016年增长6.6%。其中，完成煤炭及制品吞吐量23.34亿t，增长8.5%；石油、天然气及制品吞吐量10.02亿t，增长7.7%；金属矿石吞吐量20.28亿t，增长6.0%。

1.2.3 铁路运输

2017年全年完成旅客发送量308379万人，比2016年增长9.6%；旅客周转量13456.92

亿人·km,增长7.0%。其中,国家铁路旅客发送量30.38亿人,增长9.6%,旅客周转量13396.96亿人·km,增长6.9%(图1-8、图1-9)。

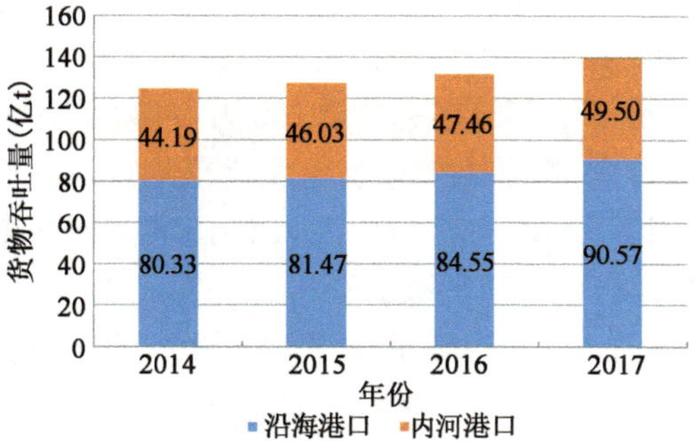

图1-6　2014~2017年全国港口货物吞吐量

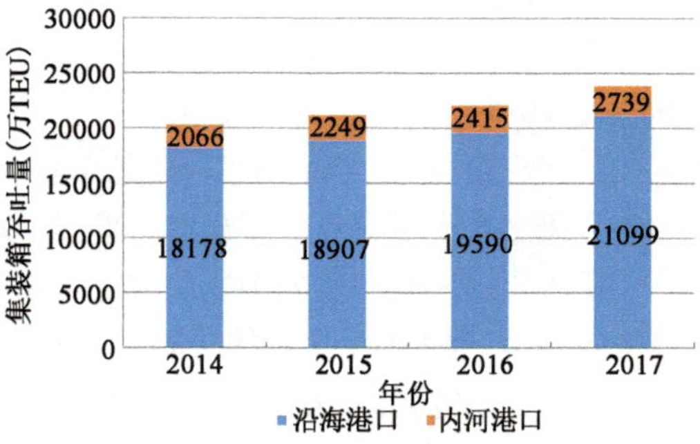

图1-7　2014~2017年全国港口外贸货物吞吐量

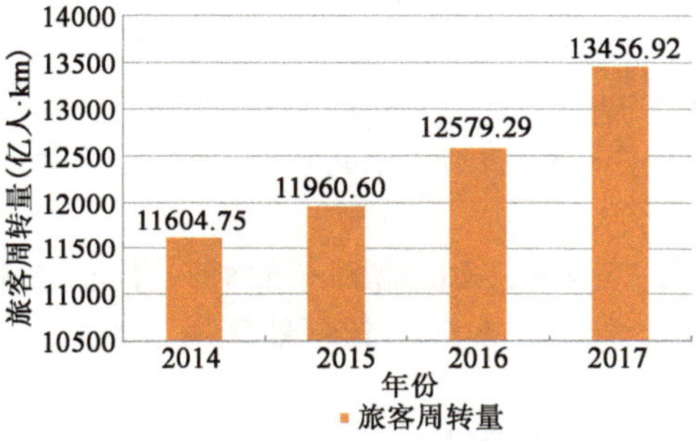

图1-8　2014~2017年全国铁路旅客周转量

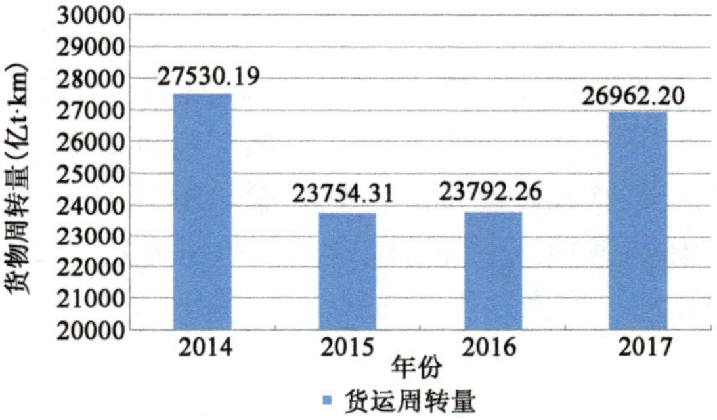

图1-9　2014~2017年全国铁路货运总周转量

2017年全国铁路完成货运总发送量36.89亿t,比2016年增长10.7%;货运总周转量26962.20亿t·km,增长13.3%。其中,国家铁路完成货运总发送量29.19亿t,增长10.1%;货运总周转量24091.70亿t·km,增长13.2%。

1.2.4　航空运输

(1)运输周转量

2017年全年旅客吞吐量超过11亿人次,完成114786.7万人次,比2016年增长12.9%。分航线看,国内航线完成103614.6万人次,比2016年增长13.4%(其中,内地至香港、澳门和台湾地区航线完成2710.9万人次,比2016年下降1.9%);国际航线完成11172.1万人次,比2016年增长9.2%。

2017年完成货邮吞吐量1617.7万t,比2016年增长7.1%。分航线看,国内航线完成1000.1万t,比2016年增长2.7%(其中,内地至香港、澳门和台湾地区航线完成99.0万t,比2016年增长5.8%);国际航线完成617.6万t,比2016年增长15.2%。

2017年完成飞机起降1024.9万架次,比2016年增长10.9%(其中,运输架次为872.9万架次,比2016年增长10.0%)。分航线看,国内航线完成938.0万架次,比2016年增长11.3%(其中,内地至香港、澳门和台湾地区航线完成19.2万架次,比2016年下降5.4%);国际航线完成86.9万架次,比2016年增长7.3%。

(2)旅客吞吐量分布

各机场中,年旅客吞吐量1000万人次以上的机场达到32个,较2016年净增4个(太原武宿、长春龙嘉、南昌昌北、呼和浩特白塔机场),完成旅客吞吐量占全部境内机场旅客吞吐量的81.0%,较2016年提高1.9个百分点,其中,北京、上海和广州三大城市机场旅客吞吐量占全部境内机场旅客吞吐量的24.3%,较2016年下降1.9个百分点。年旅客吞吐量200万~1000万人次机场有26个,较2016年净增5个,完成旅客吞吐量占全部境内机场旅客吞吐量的11.8%,较2016年下降1.0个百分点。年旅客吞吐量200万人次以下的机场有171个,较2016年净增2个,完成旅客吞吐量占全部境内机场旅客吞吐量的7.3%,较2016年下降0.8个百分点。

国内各地区旅客吞吐量的分布情况是:华北地区占15.0%,东北地区占6.3%,华东地区占29.0%,中南地区占24.2%,西南地区占16.5%,西北地区占6.4%,新疆地区占2.6%。

(3)机场邮货吞吐量分布

各机场中,年货邮吞吐量10000t以上的机场有52个,较2016年净增2个,完成货邮吞吐量占全部境内机场货邮吞吐量的98.5%,较2016年提高0.2个百分点,其中,北京、上海和广州三大城市机场货邮吞吐量占全部境内机场货邮吞吐量的49.9%,较2016年提高0.3个百分点。年货邮吞吐量10000t以下的机场有177个,较2016年净增9个,完成货邮吞吐量占全部境内机场货邮吞吐量的1.5%,较2016年下降0.2个百分点。

国内各地区货邮吞吐量的分布情况是:华北地区占15.4%,东北地区占3.4%,华东地区占41.2%,中南地区占26.2%,西南地区占10.1%,西北地区占2.5%,新疆地区占1.2%。

1.3 交通运输行业运输装备现状

1.3.1 道路运输

2017年末全国拥有公路营运汽车1450.22万辆,比2016年增长1.0%。拥有载客汽车81.61万辆,比2016年下降2.9%,2099.18万客位,下降1.9%。其中,大型客车30.57万辆,增长0.01%,1339.88万客位,增长0.5%。拥有载货汽车1368.62万辆,比2016年增长1.2%,11774.81万吨位,增长8.8%。其中,普通货车902.90万辆,下降4.6%,4868.40万吨位,增长0.5%;专用货车46.25万辆,下降2.8%,499.10万吨位,下降5.4%;牵引车207.29万辆,增长19.0%;挂车212.18万辆,增长15.3%。

2017年末全国拥有公共汽电车65.12万辆,比2016年增长7.0%,其中,BRT车辆8802辆,增长14.5%。按车辆燃料类型分,柴油车占28.7%、天然气车占27.9%、汽油车占1.0%、混合动力车占13.2%、纯电动车占26.3%。全国有32个城市开通了轨道交通,其中,新开通2个;拥有轨道交通车站3040个,其中,新增572个;运营车辆28125辆,增长18.2%。拥有巡游出租车139.58万辆,下降0.6%。拥有城市客运轮渡船舶264艘,下降6.4%。

随着中国经济的快速发展,中国城市交通的机动化水平快速提高。中国私人车辆保有量,特别是私人客车保有量自2000年起呈现非常迅猛的增加趋势,这给中国城市交通运行环境、能源消耗总量及城市污染控制都带了巨大压力。

虽然中国私人车辆保有量绝对数量已经很高,但与发达国家相比,中国的人均车辆保有量仍然很低。根据世界银行的数据统计，2011 年中国千人车辆保有量仅为 69 辆，美国为 786 辆，英国为 516 辆。中国人口数量巨大，如果按照发达国家的发展路径，机动车保有量将远远超过我国的承载能力（图 1-10、图 1-11）。

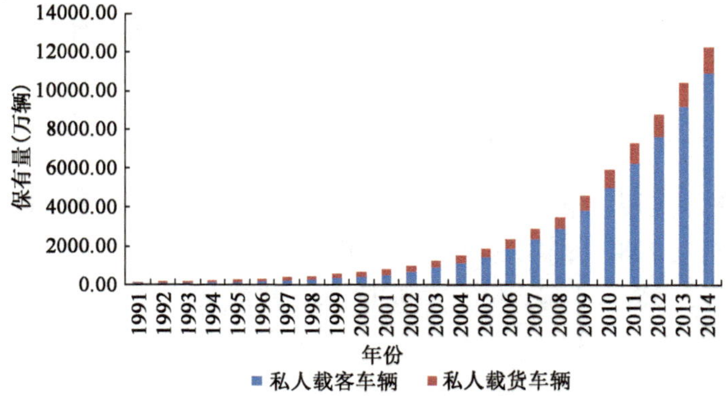

图 1-10　1991～2014 年中国私人车辆保有量（数据来源：中国统计年鉴，2015）

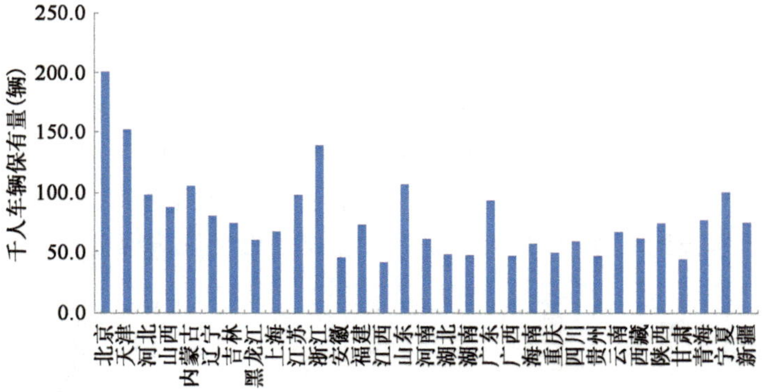

图 1-11　2013 年中国各城市千人车辆保有量（数据来源：中国统计年鉴，2015 年）

1.3.2　水路运输

2017 年末全国拥有水上运输船舶 14.49 万艘，比 2016 年下降 9.5%；净载质量 25651.63 万 t，下降 3.6%；载客量 96.75 万客位，下降 3.5%；集装箱箱位 216.30 万 TEU，增长 13.2%（图 1-12）。

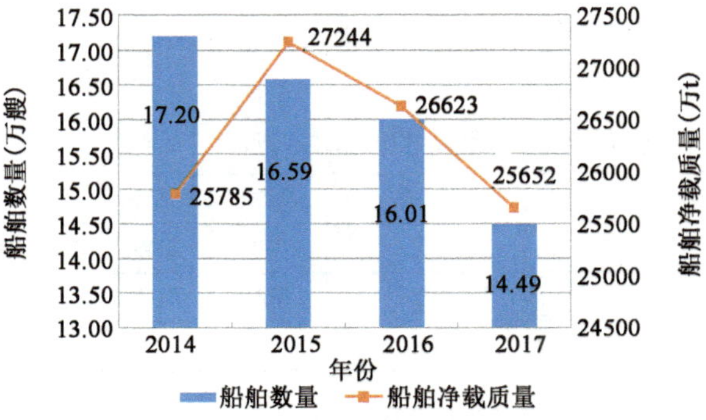

图 1-12　2014～2017 年全国水上运输船舶拥有量

1.3.3 铁路运输

2017 年末全国拥有铁路机车 2.1 万台，其中，内燃机车占 40.4%、电力机车占 59.5%。拥有铁路客车 7.3 万辆，比 2016 年增加 0.2 万辆，其中，动车组 2935 标准组、23480 辆，增加 349 标准组、2792 辆。拥有铁路货车 79.9 万辆。

1.3.4 航空运输

2017 年，我国境内民用航空（颁证）机场共有 229 个（不含香港、澳门和台湾地区，下同），其中定期航班通航机场 228 个，定期航班通航城市 224 个。2017 年中国国内民航运输机队规模增长迅速，全年引进飞机 424 架，其中，货机 17 架。截至 2017 年底，在运营机队总规模达到 3261 架，其中，客机 3118 架，货机 143 架。运营宽体客机的航空公司数量达到了 13 家。

1.4 交通运输行业能耗与碳排放现状分析

目前中国分行业能耗统计口径中，将交通运输、仓储和邮政业作为一个行业进行统计，具体包括：铁路运输业、道路运输业、城市公共交通业、水上运输业、航空运输业、管道运输业、装卸搬运、仓储、邮政及其他运输服务业。其中交通运输能耗约占 90% 以上，远高于仓储和邮政业。按照目前统计口径，2015 年交通仓储邮政能耗为 3.83 亿吨标煤，占全国能耗总量比率为 8.91%，与交通运输周转量趋势相同，交通运输能耗总量也呈现快速增长趋势（图 1-13）。

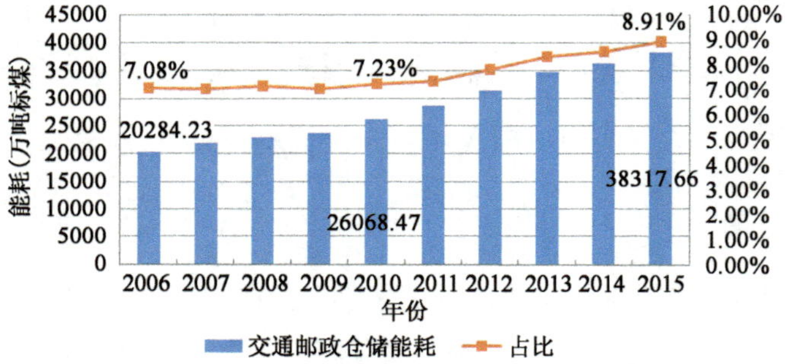

图 1-13 2006～2015 中国交通仓储邮政能耗统计（数据来源：中国统计年鉴）

从交通行业能耗结构来看，煤炭能耗占比下降，汽、柴油能源占比快速增加，同时天然气和电力清洁能源占比也呈现增加趋势（表 1-2）。

交通运输部门能源消费量（单位：万 t/亿 m^3/亿 kW·h） 表 1-2

类别	煤炭	焦炭	原油	汽油	煤油	柴油	燃料油	天然气	电力
2000	1140	11.2	175	1387.8	536.4	2543.8	850	5.81	281.2
2012	614.2	0.09	119.4	3753	1787	10727	1383.9	154.5	915.4
2015	491.6	3.02	35.85	5306.6	2504.9	11163	1439.5	237.6	1125.6

中国目前交通运输能耗统计口径和方法与国际上存在较大的差异，最重要的差异在于中国的公路运输能耗只统计了交通部门运营车辆的能耗，未统计社会其他部门行业及私人车辆

的能耗，而国际统计口径包括所有的交通运输工具的能耗。这部分差异涉及的范围广泛，能耗数值大，对于计算交通运输能耗水平有着很大的影响，使得中国交通能耗数据比国际统计口径数据的计算结果明显偏小。未统计部分的车辆主要包括：社会及私人汽车、摩托车、低速汽车（农用运输汽车、慢速工程机械等）、其他车辆（比如军车等）4 部分。这部分能源消耗被统计纳入了制造业及建筑行业的能源消耗，很难被拆分出来。

同时，我国交通运输行业能耗统计没有分交通运输方式的统计口径，即没有道路、水路、铁路、航空分方式的能耗统计。为进一步梳理交通运输能耗和碳排放数据情况，交通运输部先后组织开展了《建设低碳交通运输体系研究》《交通运输行业温室气体排放清单编制指南及控制温室气体排放对策研究》，国家发展改革委组织开展了《中国交通低碳发展战略研究》等，测算了交通行业各交通方式的能耗及碳排放量，为交通行业制定详细的节能减排政策提供支撑。

1.4.1　道路运输

在能耗及排放方面，按照中国目前能耗统计口径没有针对公路运输行业的能耗及排放统计体系，在《中国统计年鉴》中统计的交通仓储邮政行业能耗也没有纳入私人车辆能耗，因此中国尚没有官方道路运输能耗及排放统计数据。目前中国公路营运车辆仍以汽柴油车辆为主，营运客车推广天然气双燃料车辆取得一定效果（图 1-14）。

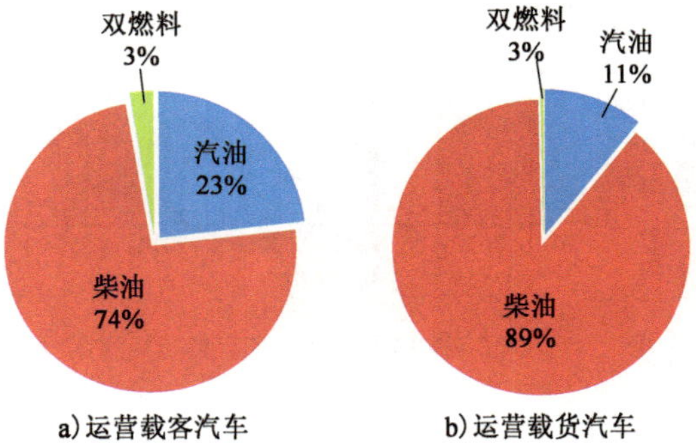

图 1-14　2012 年中国公路营运性车辆能耗结构（TPRI，2014）

根据以上相关研究课题成果显示，2010～2015 年中国公路运输能耗在 16964 万～24980 万吨标煤区间（图 1-15）。

2010～2015 年中国公路运输碳排放在 35230 万～54065 万吨二氧化碳区间（图 1-16）。

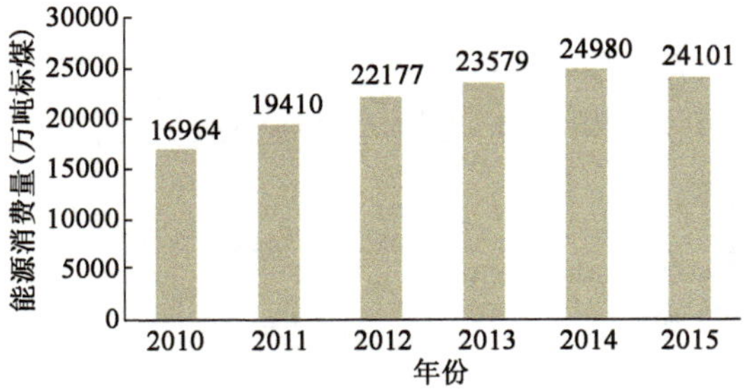

图 1-15　2010～2015 年中国公路运输能耗测算

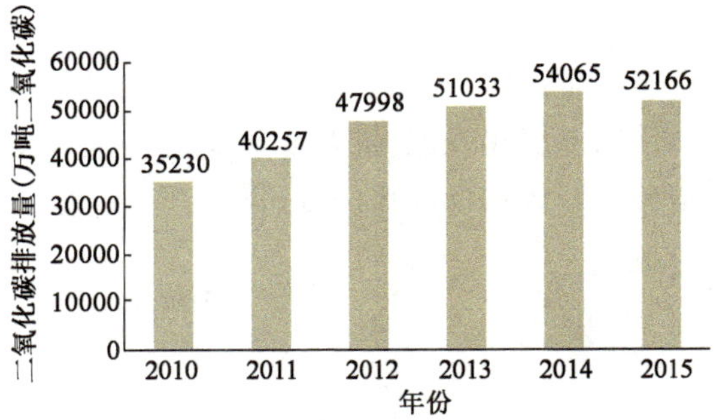

图 1-16　2010～2015 年中国公路运输碳排放测算

公路运输能耗及碳排放呈现平稳增长趋势。能耗及碳排放增速低于车辆保有量增速，主要原因是运输车辆能耗及排放标准提高及车辆燃油经济性提升。载客汽车虽然保有量远高于载货汽车，但能耗及碳排放量与载货汽车基本持平，载货汽车节能减排潜力更大。

1.4.2 水路运输

在能耗及排放方面,按照中国目前能耗统计口径没有针对水路运输行业的能耗及排放统计体系,因此中国尚没有官方水路运输能耗及排放统计数据。中国水路运输使用的能源以船用柴油和重油为主,其中船用柴油占比达到2/3。中国目前运输船舶仍以传统能源动力为主体,LNG船舶实际应用极少,但普遍认为LNG船舶是未来发展的方向,预计至2020年约有10%船舶使用LNG。在港口应用方面,中国已有接近700辆港口车辆应用LNG作为燃料,并在尝试龙门起重机、港作拖船等使用LNG作为燃料的相关研究工作。目前,LNG推广使用主要面临天然气价格提升、基础设施不满足要求等问题。

根据交通运输部组织开展的《建设低碳交通运输体系研究》和国家发展改革委组织开展的《中国交通低碳发展战略研究》研究成果进一步测算,2010~2015年期间,中国水路运输能耗在5011万~6172万吨标煤区间(图1-17)。

2010~2015年期间,中国水路运输碳排放量在10935万~13377万吨二氧化碳(图1-18)。

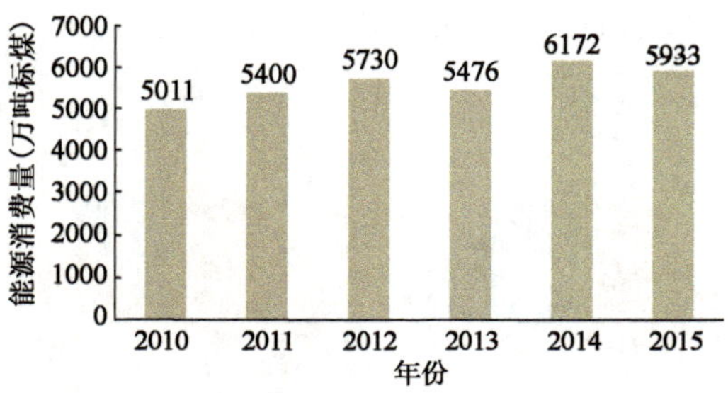

图1-17 2010~2015年中国水路运输能耗测算

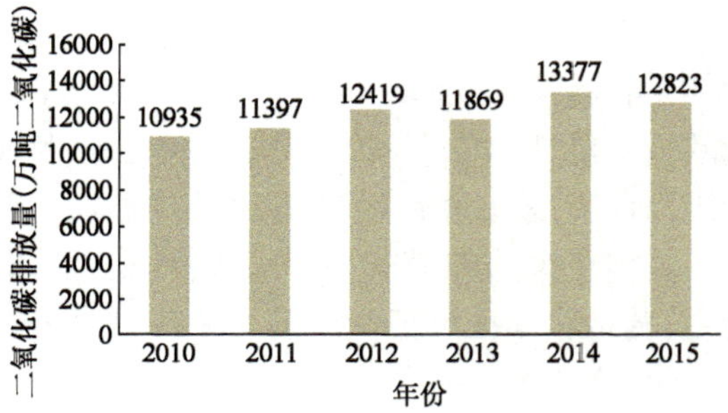

图1-18 2010~2015年中国水路运输碳排放测算

1.4.3 铁路运输

在能耗及排放方面,铁路能源消耗以电力和柴油为主,煤炭占少量。清洁能源应用较少,仅在场站、车站使用部分太阳能、地热能。铁路系统已经建立了完整的能耗统计制度。2010~2015年期间,中国铁路运输能耗在2180万~2607万吨标煤区间(图1-19)。

2010~2015年期间,中国铁路运输碳排放量在1733万~2811万吨二氧化碳。可见随着中国铁路电气化发展,铁路运输能耗和碳排放呈现稳步下降趋势,可以说铁路快速发展,推进了中国交通运输低碳化进程(图1-20)。

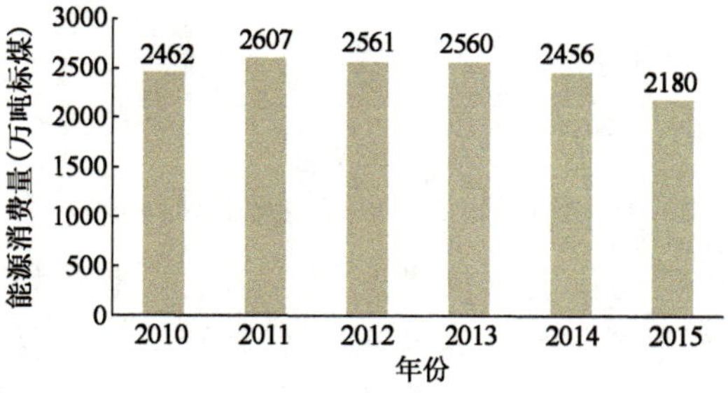

图1-19 2010~2015年中国铁路运输能耗测算

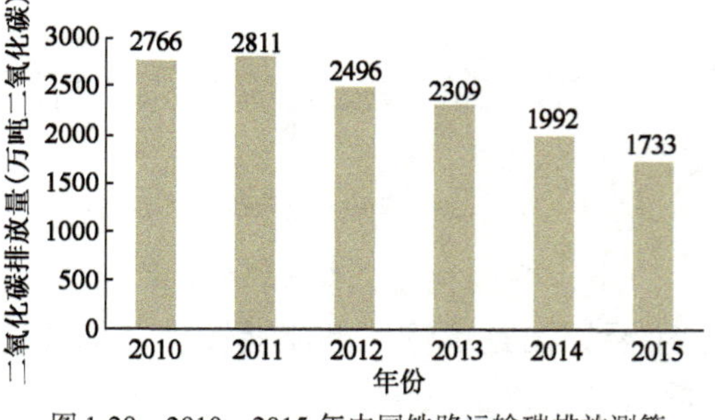

图1-20 2010~2015年中国铁路运输碳排放测算

1.4.4 航空运输

在能耗及排放方面,2011 年航空运输开始建立能耗统计体系,2013 年上线运行,但目前数据尚未对外公开。2014 年,中国航空运输业能耗为 3200 万吨标煤,主要能耗来源是飞行器航空燃油,占比达到 97%。地面机场能源消耗品种主要为电力,占比达到 60%。新能源及清洁能源在航空运输业占比很小,主要在机场、地面设施使用光伏太阳能,以及机场摆渡车推广使用新能源电动车。生物质燃料目前波音公司在首都机场有实验航班,但尚未达到应用阶段,目前成本问题、产能问题都是制约其发展的因素,预计近期生物质燃料在航空领域仍难以实质推进。

根据相关研究课题成果显示 1990 ~ 2000 年间,航空运输业的能耗和温室气体增长较缓,2000 年以后出现了大幅增长,主要是由于航空运输业在 2000 年后进入了快速发展阶段。根据交通运输部组织开展的《建设低碳交通运输体系研究》和国家发展改革委组织开展的《中国交通低碳发展战略研究》研究成果显示,2010 ~ 2015 年间,中国民航运输能耗在 2253 万 ~ 3532 万吨标煤区间,保持较快增速(图 1-21、图 1-22)。

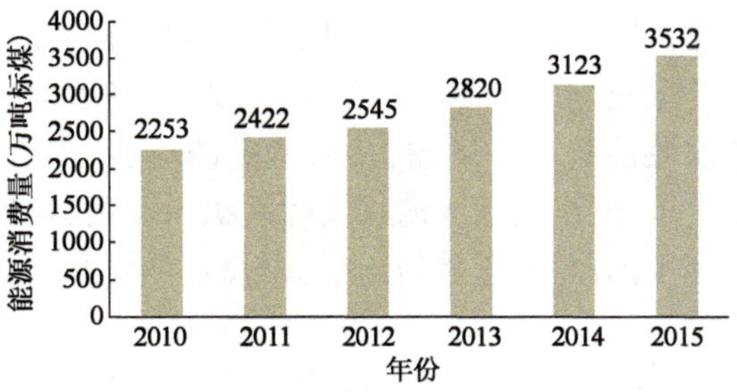

图 1-21 2010 ~ 2015 年中国民航运输能耗测算

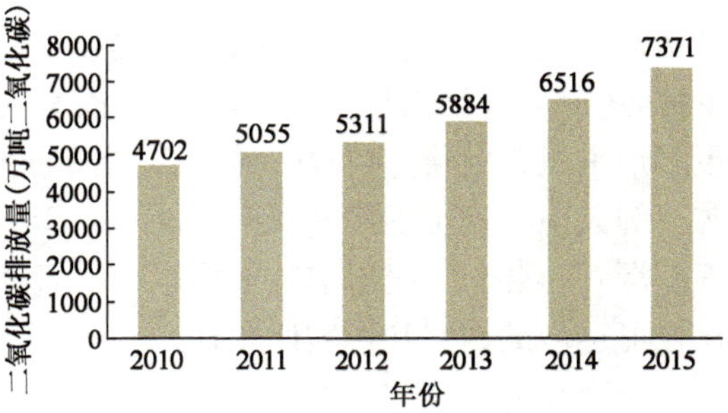

图 1-22 2010 ~ 2015 年中国民航运输碳排放测算

2　交通运输行业节能低碳关键因素与措施

交通运输减排措施具体分为结构类、技术类、政策类等。

2.1　结构类节能减排措施

2.1.1　综合交通基础设施

综合运输体系建设是我国交通运输行业的主要发展方向。随着综合运输体系的发展，各种运输方式将分工协作、有机结合、连续贯通、统筹发展，各种运输方式的比较优势将得到充分发挥，进而运输结构将发生一定的变化，从而实现节能减排的效果。如货运方面，公路运输将更多地承担小批量、多批次、质量轻、高附加值、时效性强的商品运输，其所承担的煤炭、粮食、矿石等大宗物资可逐步转移到铁路和水运。客运方面，公路旅客运输将发挥其机动灵活、通达程度深、门到门等比较优势，更多承担中短距离，铁路网络无法覆盖的地区，中长距离公路旅客运输可逐步被铁路和民航所取代。

不同交通运输方式的基础设施布局和技术等级也可影响综合交通运输体系的节能减排效果。例如，铁路合理确定车站数量及站间距、合理布局站场，可能影响列车的运行速度、空车走行距离，有利于能源的集中供入与使用等。公路网的技术等级和路面等级结构对车辆的能耗具有重要影响，高等级公路所占比重不断增大，公路技术等级和路面等级大幅提升，可提高路网通行能力和效率，减少公路运输行业碳排放。

2.1.2　现代运输组织方式

运力结构方面，考虑到旅客运输未来将主要以提高服务水平为主，公路客运运力结构的调整要根据服务的需要，满足多样化的服务需求。相关研究表明，普通载货汽车的平均吨位每提高 1t，车辆的单位运输周转量能耗可以降低 6%，可见调整货运运力结构，促进运输车辆向轻型化、大型化、重型化和拖挂化发展是节约能源，促进公路运输行业减少碳排放的有效措施。

运输组织化程度方面，通过发展先进运输组织方式，调整运输经营结构，促进公路运输集约化、组织化发展可以大大提高运输效率、运输车辆实载率和里程利用率。这也是减少能源消耗、促进公路运输行业向低碳方向发展的重要途径。我国公路客运的里程利用率相对较高，而公路货运的里程利用率在 60% 左右。研究表明，如果车辆里程利用率提高 1%、3%、5%，则可分别使车辆能耗降低 3%、7.5%、15%。

2.1.3 城市公交优先战略

城市轨道交通建设。城市轨道交通按运能范围、车辆类型及主要技术特征可分为有轨电车、地下铁道、轻轨道交通、市郊铁路、单轨道交通、新交通系统、磁悬浮交通七类。城市轨道交通具有运量大、速度快、安全、准点、保护环境、节约能源和用地等特点。

快速公交系统建设。快速公交系统(Bus Rapid Transit,BRT),是一种介于快速轨道交通(Rapid Rail Transit,RRT)与常规公交(Normal Bus Transit,NBT)之间的新型公共客运系统,是一种大运量交通方式,通常也被称为“地面上的地铁”。它是利用现代化公交技术配合智能交通和运营管理(集成调度系统),开辟公交专用道路和建造新式公交车站,实现轨道交通模式的运营服务,达到轻轨服务水准的一种独特的城市客运系统。

提升公共交通的服务水平和服务环境。提高公交出行比率不仅能够缓解交通拥挤,而且因公交系统的能源结构优于私人交通系统,能源结构的改善可以有效地减少温室气体排放。

2.2 技术类节能减排措施

2.2.1 道路运输技术类

道路运输的节能潜力是各交通运输方式中最高的,也是交通运输行业实现减排目标的关键领域。道路运输技术类的节能减排措施目前主要包括节能驾驶操作、清洁能源和新能源汽车应用技术、货运运输组织模式优化技术、沥青路面冷再生技术、沥青拌和设备“油改气”技术、公路隧道节能照明技术等。《交通运输行业重点节能低碳技术推广目录(2016年度)》分别从各项技术的技术内容、节能减排效益、推广建议等方面进行了对比分析,如表2-1所示。

道路运输行业节能减排技术清单　　表2-1

序号	技术名称	技术内容	适用范围	典型案例			推广建议
				应用规模	投资额(万元)	单位 CO_2 减排量	
1	节能驾驶操作	通过起动预热、平稳起步、及时换挡、缓慢加速、滑行减速、控制车速、直线行驶、平滑转向、减少怠速等节能驾驶操作,同时配合制度规范、奖惩措施,鼓励驾驶员节能驾驶	道路运输企业	培训驾驶员1000人	10	2.17t/车年	健全管理制度,将节能驾驶培训效果作为企业考核驾驶员的重要指标,设立相应奖惩措施。组织学习交通运输行业标准《汽车驾驶节能操作规范》
2	新能源和清洁能源汽车应用技术	鼓励应用纯电动、混合动力、天然气等新能源和清洁能源汽车。提高行业能源结构多样化,减少汽车尾气排放	道路运输企业	天然气汽车372辆	平均单车59	11.84t/车年	结合国家相应政策、当地能源结构及企业实际运营情况,科学选用合适的新能源和清洁能源汽车
				纯电动汽车1673辆	平均单车130	72.35t/车年	
				混合动力汽车860辆	平均单车127	14.48t/车年	

续上表

序号	技术名称	技术内容	适用范围	典型案例			推广建议
				应用规模	投资额（万元）	单位 CO_2 减排量	
3	货运运输组织模式优化技术	采用GPRS、GPS和车载终端相结合的信息化技术，进行车辆的实时调度、监控、管理和货物的集货、装载、统一调配等，根据车辆特性、货源情况、运营线路，科学利用高效运输组织方式，优化运输模式	道路货运、物流配送企业	牵引车75辆，挂车225辆开展甩挂运输	9787.5（购置牵引车）	203.48t/车年	需求调查明确货种定位，保障货源符合开展高效运输组织模式的特性。配合建设先进的货运智能化信息管理系统，提供准确、可靠、及时的各类信息数据，实现科学、合理的运行调度决策
				牵引车40辆，挂车90辆开展网络化运输	2700（订单管理系统开发）	45.50t/车年	
4	沥青路面冷再生技术在路面大中修工程中的应用	对沥青路面进行冷铣刨、破碎和筛分，掺入一定数量的新集料、再生结合料、活性填料、水等，经常温下的拌和、摊铺、碾压，实现旧沥青路面再生的技术	公路沥青路面大中修养护工程	90km高速公路大修	100	22.88t/km	开展冷再生技术应用时，购买连续式生产设备，或对现有间歇式热拌设备进行简单改造
5	沥青拌和设备"油改气"技术	改造沥青混合料拌和设备加热系统，用天然气替换重油、柴油。改造的加热系统包括加热石料和沥青的燃烧器改造、天然气在厂区内储存设施的建造以及天然气供应管道的铺设	天然气供应管网普及的地区，生产率60t/h以上大中型沥青拌和站	沥青产量15万t/年	更换燃烧器30/台	51.00t/万t	做好安全管理制度措施，保障储气设备和生活办公区的安全距离，所需设备需要通过消防报验和技术监督局报验，设站前必须通过当地相关部门立项，完工后必须通过验收
6	公路隧道节能照明技术	采用LED灯、氙气灯代替原高压钠灯用于公路照明，辅以智能化可调光电子镇流器和智慧控制系统，可根据需要调整光源亮度	道路及隧道照明工程	LED灯：858盏共51.64kW	233.87	8.79t/kW	根据自身应用需求，科学选择高性能、高质量的照明灯具
				氙气灯：749盏共86.33kW	77.70	3.03t/kW	

2.2.2 水路运输技术类

水路运输是交通运输行业实现减排目标的重要领域。水路运输技术类的节能减排措施目前主要包括新建内河纯LNG动力船舶应用技术、船舶能效管理系统应用技术、船舶优化运行管理、集装箱门式起重机起升配重节能装置应用、集装箱门式起重机混合动力技术改造等。《交通运输行业重点节能低碳技术推广目录(2016年度)》分别从各项技术的技术内容、节能减排效益、推广建议等方面进行了对比分析，如表2-2所示。

水路运输行业节能减排技术清单 表2-2

序号	技术名称	技术内容	适用范围	典型案例			推广建议
				应用规模	投资额（万元）	单位 CO_2 减排量	
1	新建内河纯LNG动力船舶应用技术	船舶使用LNG燃料作为主发动机的单一燃料	内河运输船舶	新建200艘LNG动力干货船	平均单船造价325	相比柴油降低25%	开展新建纯LNG动力船舶应用时，应结合当地LNG加气站布局规划，保障加气基础设施建设能够满足LNG动力船舶应用的需要
2	船舶能效管理系统应用技术	对船舶运输作业中的能效因素进行优化，实现对能效管理全过程的控制和持续改进；应用先进有效的节能技术和方法、挖掘和利用最佳的节能实践经验；提高船舶能效管理的有效性	内河及远洋船舶	14艘船舶54个航次	根据系统功能模块不同，投资额有所差异	835.57t/航次	完善船舶能效管理计划，配合科学的管理制度和专门的管理人员，做好船舶能效收集工作
3	船舶优化运行管理	综合采用船型标准化，调整运力结构，经济航速、节能操作等方法，提升运营效率	内河船舶	新建标准化运输船舶1498艘	平均单船造价1000	313.75t/（船·年）	根据当地情况及船舶运行工况，科学研究开发适用的标准化船型
4	集装箱门式起重机起升配重节能装置应用	在吊具和上架（以下简称吊具）升降系统上加装配重平衡装置。通过配重及控制系统实现起升或下降时吊具及其上架的位能与平衡块之间位能的互相转换，使得轮胎吊起升时的实际起重量等于总起重量减去平衡块重量	各类集装箱码头	48台集装箱门式起重机	30（每台）	39.15t/（台·年）	根据自身情况，探索将该技术广泛推广应用于市电供电、混合动力供电、LNG混合动力供电和能量反馈等各类节能型集装箱门式起重机
5	集装箱门式起重机混合动力技术改造	采用大容量锂电池作为主要动力源，在不降低现有各项技术指标的情况下，取消原有大柴油发电机组，采用较小的柴油发电机组作为锂电池的充电电源，也可采用外部电源给锂电池充电	各类集装箱码头	1台集装箱门式起重机混合动力技术改造	70（新机采购增加值）；120（旧机改造）	204t/（台·年）	根据码头作业的实际情况及场地条件，科学选用该项技术

2.2.3 铁路运输技术类

铁路能耗和排放主要受到铁路行车方面的影响，另外还受到铁路技术装备水平不高、铁路物流管理水平低和运输组织能力有限等因素影响。一是行车对铁路能耗的影响。在列车行车过程中其消耗的能量主要受行车过程中的行车阻力、行车轨道线路的平顺性、列车的停车或减速所造成的动能损失等因素影响。二是技术装备水平对铁路能耗的影响。我国铁路的运输设备和技术水平较以往虽已经有了很大的改善,但仍有一定的提升空间,高能耗装备比较多。另外,铁路客运站和货运站技术装备水平也较低,缺乏完善的自动服务控制系统,使得车站和列车用于照明、空调、热水、机器等方面的能耗在铁路能耗中比重逐年上升。三是物流管理水平低和运输组织能力有限。目前整个铁路的运输组织水平仍较低,在铁路运输组织过程中常出现迂回运输、无效运输等不合理运输服务,由于物流管理水平不高,运输过程往往出现信息传递不及时,运输与仓储、包装、流通加工等环节脱节现象,这些不合理的铁路客货运使得铁路能耗不断增加。表 2-3 从各项技术的技术内容、适用范围、节能减排效益、推广建议等方面进行对比分析。

铁路运输行业节能减排技术清单 表 2-3

序号	技术名称	技术内容	适用范围	典型案例			推广建议
				应用规模	投资额(万元)	效益	
1	绿色照明技术	LED 灯具有高效节能、绿色环保、寿命长的特点,近年来在铁路站场、显示屏、导向标志灯箱和广告灯箱等领域广泛应用,是最常用的绿色照明技术	日光灯较多的站厅、站台	LED 灯代替 T5 荧光灯	节能设备投资差价约 350 万元	节约电量约 60 万 kW·h/年	推广使用绿色照明技术。重点对大型客站照明系统和站场的灯桥、灯塔照明系统进行节能改造,选择节能型光源、采用高效节能照明灯具或采取节能型智能照明控制系统
2	高能效水平电力变压器	采用空载损耗较低的磁畴细化电工钢片铁心牵引变压器和非晶合金铁心所用变压器等高能效等级的电力变压器,能够在一定程度上提高变压器运行的经济性,实现节能目标	电气化铁路	采用 SCBH 型非晶合金变压器	节能设备投资差价约 26 万元	电能损失量减少约 3.7 万 kW·h/年	推广使用高能效水平电力变压器。一是合理选择变压器的类型,二是合理选择牵引变压器的容量。优先选择节能型的变压器,针对整个牵引变电所线路进行优化升级,减少线损
3	高能效暖通空调设备	高能效暖通空调设备相比于传统暖通空调设备具有节能高效,低碳环保的特点	铁路客站	采用一级能效暖通空调	节能设备投资差价约 100 万元	节约用电约 36 万 kW·h/年	推广使用高能效暖通空调设备。重点在大型车站、动车所及隧道区间等采用高能效暖通空调系统与设备。铁路客站暖通空调系统控制技术应根据客站规模、舒适性要求、管理人员专业技术水平、维修成本等多方面因素综合考虑选取

2.2.4 民航运输技术类

民航运输是交通运输行业实现减排目标的重要领域。民航运输技术类的节能减排措施目前主要包括飞机加(选)装翼尖小翼、飞机发动机节能改造、飞机减重降阻、生物燃料等,表 2-4 分别从各项技术的技术内容、节能减排效益、推广建议等方面进行对比分析。

民航运输行业节能减排技术清单 表 2-4

序号	技术名称	技术内容	典型案例			推广建议
			应用规模	投资额	单位 CO_2 减排量	
1	飞机加(选)装翼尖小翼	在机翼梢部安装一组小翼面,利用小翼增加机翼有效展弦比,减小机翼诱导阻力,提高飞机经济性、降低燃油消耗	单架飞机	400 万元	574.9t/(架·年)	根据机型特点,科学选用该项技术
2	飞机发动机节能改造	利用先进的飞机发动机材料和工艺,对现有飞机发动机进行升级改造,提高发动机燃油效率,减少燃油消耗	单架飞机	2000 万元	143.7t/(架·年)	可根据不同机型的应用实际情况,探索综合利用各类发动机节能改造技术
3	飞机减重降阻	通过选装轻质座椅、餐厨用车、航空运输集装器、炭刹车系统、机身表面采用新型涂层等,实现在相同载运质量下,降低飞机对升力需求或减少飞行阻力,降低飞行油耗	单架飞机	300 万元	181.1t/(架·年)	在不影响飞机正常航行的前体下,应通过各种减重措施减少飞机负重,达到节能减排和成本效益的最大化
4	生物燃料	生物燃料通过从地沟油、废弃物、海藻、秸秆、玉米秆、甘蔗秆、油桐树、麻风树、棕榈树等中提炼成航空煤油并使用,使用完之后开可以持续提炼,具有可持续性。由于生物质航空燃料的原料在进行光合作用的过程中,需要吸收空气中大量的碳,因而可以实现低排放乃至零排放	—	单位二氧化碳减排成本在 5000 元以上	减排比例为 60% ~ 90%	生物燃料是未来降低航空排放水平、寻找化石能源枯竭后替代能源的直接、有效的手段

2.3 政策类节能减排措施

2.3.1 行政命令型措施

车辆燃料消耗限值准入制度。营运车辆燃料消耗量准入制度从 2010 年 3 月 1 日起进入全面实施阶段,各地道路运输管理机构在配发《道路运输证》时,对车辆进行核查,不符合道路运输车辆燃料消耗量限值标准的车辆,不得用于营运。

小汽车增量调控管理。例如深圳市从 2014 年 12 月 29 日 18 时起,以"摇号 + 拍卖"的模式,按每年 10 万个指标额度,在全市实行小汽车增量调控管理和指标管理。

小汽车限行管理。例如,北京、上海、深圳等城市工作日早晚高峰期间非本市核发机动车号牌载客汽车须按规定路线和区域行驶。

汽车按尾号进行限行管理。例如深圳市在市区部分路段特定时段对空载出租车、社会车辆实施汽车尾号限行管理。

货车通行管理。例如,上海市规定,本市货运车辆在周一至周五的07:00~20:00不能进入限行区域;深圳市中心城区内道路早、晚高峰期间基本禁止大中货车通行,同时调整过境货车通行线路,已基本将过境货车从中心城区道路分离。

加快车辆更新淘汰。例如,2017年北京市政府印发的《北京市促进高排放老旧柴油货运车淘汰方案》,对提前报废或转出国Ⅲ排放标准货车予以补贴,报废单车最高补贴10万元;《北京市促进绿色货运发展的实施方案(2016—2020年)》(京交科发〔2016〕108号)提出构建“绿色货运企业认定制度”,鼓励货运企业使用清洁车辆,获得资格企业可根据污染物减排量申请财政资金奖励并优先获得城区货运通行证。

推广“机动车低排放区”。研究在市内人流密集、环境敏感、空气质量未达标地区划定“机动车低排放区”。禁止国Ⅳ及以下标准柴油车、国Ⅲ及以下标准汽油车在区域内通行。

2.3.2 经济调控型措施

调整停车收费。实施路内停车收费。研究征收停车调节费,运用经济杠杆调控交通需求,研究路外停车场停车调节费征收方案。

鼓励多人合乘。对在特定区域、道路或车道上行驶的汽车收取一定费用,费率与车内乘员数挂钩,乘员数越多,费率越低甚至免费。费率还可与汽车排污水平挂钩,排污越高,费率越高。重在促进合乘、减少小汽车使用量,限制或减少高排放车辆使用量。

研究道路拥挤收费政策。研究道路拥堵收费模式,制定针对交通拥堵特点的收费方案。

2.3.3 自愿倡导型措施

鼓励“绿色出行”和自愿停驶。鼓励本地车参与“绿色出行”自愿停驶活动,推动常态化发展,实现交通执法与“绿色出行”联动管理。

推广生态(绿色)驾驶。驾驶员的车辆驾驶习惯以及驾驶水平对车辆能耗有重要影响。研究显示,不同驾驶员开车油耗相差十分大,有的达到15%。提高营运车辆驾驶员驾驶技术,鼓励在驾驶员在驾车过程中采用生态驾驶是一项潜力巨大且花费少、见效快的节能措施。

3　交通运输需求预期及结构优化分析

3.1　交通运输需求影响因素分析

交通运输需求一般受社会经济发展水平、居民收入水平、居民消费水平、交通基础设施建设水平等各个方面的影响，但交通运输所包含的旅客运输和货物运输对运输服务的要求不同，如旅客运输可能更重视旅途的舒适性，而货物运输可能更重视时效性等，使得旅客运输和货物运输需求的影响因素也不一定完全相同。

3.1.1　旅客运输需求影响因素分析

总体而言，影响旅客运输需求的主要因素包括以下几个方面：

(1) 经济发展水平

以公务和商务为目的旅客运输需求来源于生产领域，是与人类生产、交换、分配等活动有关的需求，称为旅行需求。经济发展水平决定生产水平，而生产水平的高低、速度的快慢又直接影响生产性旅行需求。

(2) 居民收入消费水平

以个人事务、旅游为目的的旅客运输需求来源于消费领域，称为消费性旅行需求。随着人民生活水平的提高，探亲、旅游、访友等需求迅速增长，与此相联系的消费性旅行需求也随着生活水平的提高在数量和质量上发展变化。

(3) 运输网的数量和质量

近些年，我国投入大量资金进行交通基础设施网络的建设完善，例如按照我国《"十三五"现代综合交通运输体系发展规划》的发展要求，到2020年，基本建成安全、便捷、高效、绿色的现代综合交通运输体系，部分地区和领域率先基本实现交通运输现代化。网络覆盖加密拓展，高速铁路覆盖80%以上的城区常住人口在100万人以上的城市，铁路、高速公路、民航运输机场基本覆盖城区常住人口20万人以上的城市，城市轨道交通运营里程比2015年增长近一倍。综合衔接一体高效，各种运输方式衔接更加紧密，重要城市群核心城市间、核心城市与周边节点城市间实现1～2h通达。打造一批现代化、立体式综合客运枢纽，旅客换乘更加便捷。运输服务提质升级。全国铁路客运动车服务比重进一步提升，民航航班正常率逐步提高，公共服务水平显著提升，实现村村直接通邮、具备条件的建制村通客车，城市公共交通出行比例不断提高。交通运输基础设施不断完备，增加了居民出行的方便性，也促进了客运需求的增长。

(4) 出行费用

出行价格主要影响消费性旅行的弹性需求，生产性旅行需求对此并不敏感，它与居民的收入消费水平密切相关。

(5)运输服务水平

优质、安全、迅速、便利的运输服务会刺激旅客运输需求的增长;反之,则会抑制旅客运输需求。

(6)人口数量及城市化程度

旅客运输的对象是人,人口数量的变化必然引起旅客运输需求的变化。随着城市化进程的加快,私人小汽车保有量的持续增长,旅游业等第三产业的迅速发展,都会带来旅客运输需求的变化。

(7)经济体制

计划经济体制下,国家实行严格的户籍管理和就业制度,人员流动相对较小,而市场经济体制下,人们就业有较大的自由,人口流动相对频繁,客运需求量也会相对更大。而市场经济的发展和收入水平的提高也会使得人口的流动性大大增加,从来带来旅客运输需求的增长。

虽然旅客运输需求的影响因素有以上7个方面,但是经济发展水平、人口数量及城市化程度、居民收入消费水平等对旅客运输需求的产生发挥相对直接的作用,出行费用和运输服务水平主要是发挥相对间接的影响作用。此外,经济体制方面,本研究涉及的时间范围不存在从计划经济向市场经济的跨越,而市场经济的发展又体现在了经济发展水平和居民收入消费水平两个因素中,再兼顾数据的可获得性。基于以上几点,本研究在分析旅客运输需求时主要考虑经济发展水平、人口数量及城市化程度。由于旅客运输周转量是由旅客运输需求量与平均运距的相乘得到,而平均运距一般变化不大,因此旅客运输周转量与上述多个因素也有着很强的相关性。

3.1.2 货物运输需求影响因素分析

总体而言,影响货物运输需求的主要因素包括以下几个方面:

(1)经济发展水平

货物运输需求是派生的需求,这种需求的大小决定于经济发展水平,各国在不同经济发展阶段的运输需求在数量和质量上有很大的差异,一个国家的不同地区其经济发展水平也不相同,因此不同地区的经济发展水平也有差异;一个国家的货物运输需求取决于国家的经济发展水平,取决于物质产品产出的多少,同理,一个地区的经济发展水平和物质产品产出的多少是这个地区货物运输需求决定性因素。

(2)国民经济产业结构和产品结构

首先,生产不同产品所引起的厂外运量(包括所有原材料、辅料、能源、半成品和产成品等的运量)差别很大。例如,生产1t棉纱引起外运量2.5~3t,而生产1t钢材则会引起50~100t的运量。其次,不同产品利用某种运输方式的产运系数(或称运输系数,即产品的运输量与其总产量的比值)是不同的。例如煤炭和基础原材料工业对铁路的依赖性比较大,其他产品可能会更多地依赖别的运输方式。第三,不同的产业构成在运输需求的量和质上的要求也不同。若用单位生产总值所产生的货物周转量来表示货运强度,则重工业的货运强大大于轻工业,轻工业的货运强度又大于服务业,新兴产业的运输需求数量较小,但质量要求高。因此,从宏观层面来看,随着产业结构层次的提高,货运强度会逐步下降,即随着第三产业增加值或者占比的增长,货运需求量总体会下降。

(3)运输网的数量和质量

交通运输网络布局和质量,会直接影响线路货物的吸引范围和各线路的通过能力以及货物运输需求的适应程度,相对滞后的交通运输业会影响生产发展,抑制货运需求。但这个因素主要会影响货物运输的方式选择。

按照我国《"十三五"现代综合交通运输体系发展规划》,将完善基础设施网络化布局,建设多向连通的综合运输通道,以高速铁路、高速公路、民用航空等为主体,构建服务品质高、运行速度快的综合交通骨干网络。以普速铁路、普通国道、港口、航道、油气管道等为主体,构建运行效率高、服务能力强的综合交通普通干线网络。

(4)运价水平的变动

运输需求对运价水平的变动是有弹性的。尽管不同货物的需求价格弹性值有差别,但一般情况下,运价水平下降,运输需求会上升;运价水平上涨,运输需求会下降。

(5)国民经济政策和经济体制的改变

在市场经济的条件下,由于竞争和追求效益的作用,产品在市场上相对自由地流动,商品交换的范围迅速扩大,交换频率大大增加,因此,运输需求也会相对膨胀;商品市场半径的迅速扩大,也会使得货物运输平均运距的快速增长。

虽然货物运输需求的影响因素有以上 5 个方面,但货运需求的产生主要源于经济总量的增长以及产业部门之间的投入产出关系和消费群体对生产部门产品的需求,因此,货运需求与经济总量的增长有着密不可分的联系,同时,产业部门活动也会影响货运需求的变化。

3.2 交通运输需求预测方法

交通运输行业运输需求表征指标为客货运量以及客货运周转量,常用的预测方法有回归分析法、灰色模型预测法、弹性系数法、增长率法等。

3.2.1 回归分析法

所谓回归分析法,是在掌握大量观察数据的基础上,利用数理统计方法建立因变量与自变量之间的回归关系函数表达式(称回归方程式)。根据世界银行等研究机构的研究结果显示客货运量、客运货运周转量与国内生产总值 GDP、人口总数、城镇化率、人均 GDP、产业结构等因素均有密切关系,其中与 GDP 的回归关系最为明显。

本研究中针对营运性客运、营运性货运及城市公共交通等不同的交通方式选取与其相关系数最高的因素,来预测 2015 ~ 2030 年其客货运量及客货运周转量。

3.2.2 弹性系数法

弹性系数法在对一个因素发展变化预测的基础上,通过弹性系数对另一个因素的发展变化作出预测的一种间接预测方法。弹性系数法适用于两个因素 y 和 x 之间有指数函数关系 $yt = a^{x_t^b}$ 的情况,式中 a 为比例系数,b 为 y 对 x 的弹性系数。常见有 3 种表达形式:

$$\hat{y}t = ax_t^b \tag{3-1}$$

$$\frac{\hat{y}t}{\hat{y}k} = \left(\frac{x_t}{x_k}\right)^b \tag{3-2}$$

$$\frac{\left(\frac{\partial \hat{y}}{\partial t}\right)t}{\hat{y}t} = \frac{b\left(\frac{\partial x}{\partial t}\right)t}{x_t}\left(近似公式为\frac{\Delta \hat{y}t}{\hat{y}t} = b\frac{\Delta x_t}{x_t}\right) \tag{3-3}$$

式中：k——基期；

t——预测期。

相应地弹性系数 b 也有 3 种估值方法：

$\log y_t = b\log x_t + \log a$ 用最小二乘法求得

$$b = \frac{\log\frac{y_2}{y_1}}{\log\frac{x_2}{x_1}} \tag{3-4}$$

$$b = \frac{\left(\frac{\partial y}{\partial x}\right)t}{x_t} \tag{3-5}$$

从 y 同 x 的函数关系中求得。当弹性系数为常数时，称为恒弹性系数，否则为变弹性系数。当 $|b| > 1$，称为弹性充足；$|b| < 1$，称为弹性不足。弹性系数法在交通运输量、运输周转量预测方面应用很多，常用的是运输需求相对于 GDP、人均 GDP 的弹性系数。

3.2.3 增长率法

增长率法首先对各交通方式客货运量、客货运输周转量的历史年均增长率进行分析，结合与同时段 GDP 增长率、人均 GDP 增长率等宏观经济指标的比值，预测未来客货运量、客货运输周转量的增长率。

本研究中对各种交通方式中长期运输需求预测采用数学模型 + 专家趋势分析方法，以各种数学预测模型结果为基础，结合行业内各交通方式专家对中长期运输需求的趋势分析进行综合预测。

3.3 交通行业中长期运输需求预测

本研究中选取的宏观经济影响因子，采用国家能源局推荐的我国中长期经济预测参数，见表 3-1。

宏观经济参数　　表 3-1

宏观经济指标	2015	2020	2025	2030
人口	137462	140285	141487	141555
人口增速	0.5%	0.4%	0.2%	0.0%
城镇化率	56.1%	60%	64%	66%

续上表

宏观经济指标	2015	2020	2025	2030
城镇化率增速	3.5%	1.4%	1.3%	0.6%
GDP(2010 年价,万亿元)	59.6	82	112	145
GDP 增速	7.0%	6.6%	6.4%	5.3%
交通运输业增速	8.2%	6.8%	6.1%	5.3%
人均 GDP(2010 年价,万美元)	0.72	1	1.3	1.7
人均 GPD 增速	5.9%	6.8%	5.4%	5.5%

3.3.1　营运性货运需求预测

(1)营运性货运量预测

交通行业营运性货运量预测采用回归分析法、弹性系数法两种方法进行预测,由于2008年我国交通运输行业客货运量统计口径发生变化,造成2008年之前数据不可比,因此历史数据选择2008～2015年交通行业货运量。

弹性系数法首先测算了2008～2015年货运量与国内生产总值及第二产业增加值的弹性系数,除个别年份外,货运量与国内生产总值的弹性系数为0.8～0.9,且呈现下降趋势;货运量与第二产业增加值的弹性系数为0.9～1.0,同样呈现下降趋势,特别是2013年以来,我国货运量增速明显下降。对比美国、日本货运量与经济增长的弹性系数为0.5～0.6,因此判断2015～2030年我国货运量与国内生产总值、第二产业增加值弹性系数将呈现下降趋势,从2015年的0.8、0.9下降至2030年的0.6、0.66。

采用回归分析法分析了2008～2015年货运量与国内生产总值及第二产业增加值的关系,拟合关系如图3-1、图3-2所示,可见回归相关性分别为0.95、0.98。

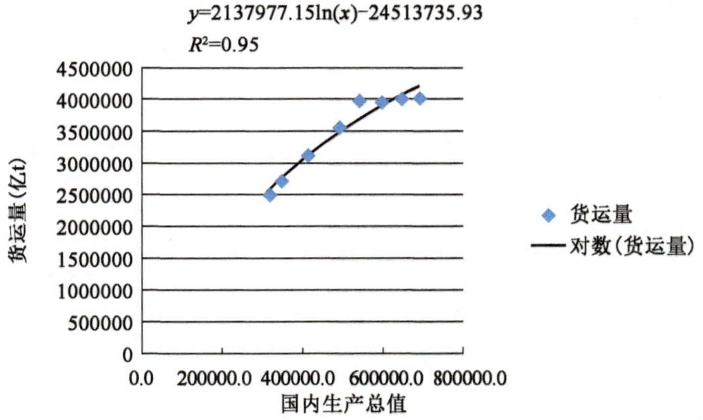

图3-1　货运量与国内生产总值拟合关系图

综合以上方法的预测结果,采用预测结果的加权平均值,经过专家咨询,得到以下预测结果,2015～2020年、2020～2025年、2025～2030年我国营运性货运量增长率分别为3.6%、3.1%、2.4%,至2030年营运性货运量达到6482895万t(表3-2)。

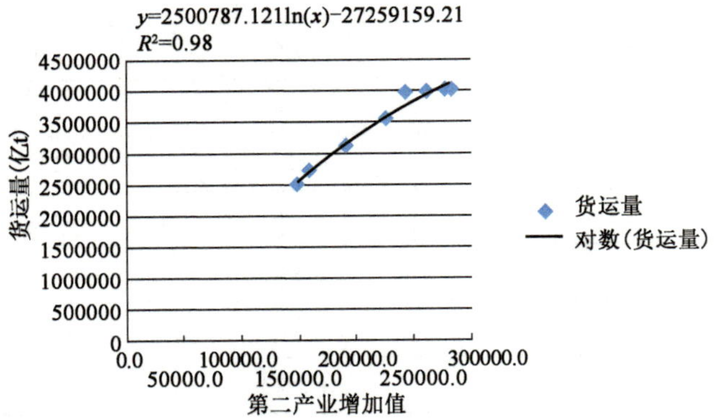

图 3-2　货运量与第二产业增加值拟合关系图

我国营运性货运量预测值　　表 3-2

年　份	货运量(万 t)	增　长　率
2015	4025331	—
2020	4941674	3.6%
2025	5769737	3.1%
2030	6482895	2.4%

(2)营运性货运周转量预测

交通行业营运性货运周转量 = 货运量 × 货运平均运距,因此对于货运周转量的预测采用了弹性系数法和基于货运量和平均运距预测两种方法。

弹性系数法首先测算了 2008 ~ 2015 年货运周转量与国内生产总值及第二产业增加值的弹性系数,除个别年份外,货运周转量与国内生产总值的弹性系数约为 0.7 ~ 0.8,且呈现下降趋势;货运周转量与第二产业增加值的弹性系数为 0.8 ~ 0.9,同样呈现下降趋势,特别是 2013 年、2015 年我国货运周转量出现了绝对数量的下降。对比美国、日本货运量与经济增长的弹性系数为 0.5 ~ 0.6,因此判断 2015 ~ 2030 年我国货运周转量与国内生产总值、第二产业增加值弹性系数将呈现下降趋势,从 2015 年的 0.7、0.8 下降至 2030 年的 0.55、0.6。

对 1996 ~ 2015 年我国营运性货运平均运距进行分析,可见平均运输距离呈现增加趋势从 1996 年的 195.2km 增至 2015 年 296.8km。同时从 2008 年起,平均运输距离呈现比较稳定的趋势,2008 ~ 2015 年平均运输距离基本保持在 300km 左右。货运的平均运输距离与全国产业布局直接相关,目前我国经济发展进入比较稳定的阶段,大宗货物运输走向基本确定,因此推断 2015 ~ 2030 年我国货运平均运距仍将呈现轻微增长趋势,至 2030 年达到 314km。

综合以上方法的预测结果,采用预测结果的加权平均值,经过专家咨询,得到以下预测结果,2015 ~ 2020 年、2020 ~ 2025 年、2025 ~ 2030 年我国营运性货运周转量增长率分别为 4%、3.5%、2.7%,至 2030 年营运性货运周转量达到 203563 亿 t · km(表 3-3)。

我国营运性货运周转量预测值　　表 3-3

年　份	货运周转量(亿 t·km)	增 长 率
2015	119455	—
2020	150227	4%
2025	178285	3.5%
2030	203563	2.7%

3.3.2 营运性客运需求预测

(1)营运性客运量预测

由于交通行业营运性客运量及客运周转量统计口径 2013 年进行了调整,剔除了公交、出租在国道上行驶时的客运量,造成了 2013 年客运量、客运周转量出现了显著下降。由于 2013 前的数据不具有可比性,2013 ~ 2015 年统计数据过少,无法应用回归分析方法进行预测。因此,使用弹性预测法和增长率法两种方法进行测算。

弹性系数法首先测算了 2008 ~ 2015 年客运量与人均国内生产总值及第三产业增加值的弹性系数,除个别年份外,客运量与人均国内生产总值的弹性系数约为 0.7,客运量与第三产业增加值的弹性系数约为 0.6,且均呈现下降趋势。对比美国、日本经验,客运量与人均国内生产总值及第三产业增加值的弹性系数会逐渐下降,因此判断 2015 ~ 2030 年我国客运量与人均国内生产总值及第三产业增加值系数将呈现下降趋势,至 2030 年下降到 0.6、0.5。

由于 2008 年、2013 年客运量统计口径发生调整,增长率法分别运用 1996 ~ 2008 年、2008 ~ 2013 年、2013 ~ 2015 年的客运增长率进行预测,可见客运量增速呈现下降趋势,因此判断 2015 ~ 2030 年客运量仍将保持下降趋势。

综合以上方法的预测结果,采用预测结果的加权平均值,经过专家咨询,得到以下预测结果,2015 ~ 2020 年、2020 ~ 2025 年、2025 ~ 2030 年我国营运性客运量增长率分别为 4.1%、3.5%、3.2%,至 2030 年营运性客运量达到 3321216 万人(表 3-4)。

我国营运性客运量预测值　　表 3-4

年　份	客运量(万人)	增 长 率
2015	1943271	—
2020	2380243	4.1%
2025	2831765	3.5%
2030	3321216	3.2%

(2)营运性客运周转量预测

交通行业营运性客运周转量 = 客运量 × 客运平均运距,因此对于客运周转量的预测采用了弹性系数法和基于客运量及平均运距预测两种方法。

弹性系数法首先测算了 2008 ~ 2015 年客运周转量与人均国内生产总值及第三产业增加值的弹性系数,除个别年份外,客运周转量与人均国内生产总值的弹性系数约为 0.8,客运周转量与第三产业增加值的弹性系数约为 0.6,且均呈现下降趋势。对比美国、日本经验,客运周转量与人均国内生产总值及第三产业增加值的弹性系数会逐渐下降,因此判断 2015 ~ 2030

年我国客运周转量与人均国内生产总值及第三产业增加值系数将呈现下降趋势,至2030年下降到0.7、0.53。

对1996～2015年我国营运性客运平均运距进行分析,可见平均运输距离呈现增加趋势从1996年的74km增至2015年154.7km。同时从2013年调整统计口径起,平均运输距离呈现比较稳定的趋势,2013～2015年平均运输距离基本保持在140km左右,呈现小幅增加趋势。随着国民收入的增加,居民出行需求和距离也会随之增长,同时考虑我国经济发展新常态,因此推断2015～2030年我国客运平均运距仍将呈现轻微增长趋势,至2030年达到164km。

综合以上方法的预测结果,采用预测结果的加权平均值,经过专家咨询,得到以下预测结果,2015～2020年、2020～2025年、2025～2030年我国营运性客运周转量增长率分别为4.6%、3.9%、3.6%,至2030年营运性客运周转量达到54484亿人·km(表3-5)。

我国营运性客运周转量预测值 表3-5

年　份	客运周转量(亿人·km)	增　长　率
2015	30059	—
2020	37649	4.6%
2025	45630	3.9%
2030	54484	3.6%

3.3.3 城市公共交通客运需求预测

对于城市公交、城市出租汽车和轨道交通的客运量预测,以车辆保有量、轨道交通里程数等交通运输装备及基础设施为基础进行预测。

(1)城市公交客运量

城市公共交通车辆标台数量与经济发展水平、城镇常住人口有相关性,因此拟采用SPSS对公共汽电车辆数量采用基于城市常住人口和GDP的多因素线性回归对进行预测。其中城市人口和GDP的相关性通过了置信区间为90%的检验,并且,其拟合的决定系数(R-Square)和修正的决定系数(Adjusted R-Square)分别为0.988和0.986,拟合度非常高。因此,城市人口和GDP两个因素对于城市公共汽车标台数的拟合程度非常高,认为其增长速率的预测基本可信。与此同时,公交车保有量也受到城市人口的限制,根据《城市道路交通规划设计规范》,城市公共汽车和电车的规划拥有量,大城市应每800～1000人一标台,中、小城市应每1200～1500人一标台。综合考虑上述因素预测出中国公交车数量见表3-6。

我国城市公交车预测值 表3-6

年　份	车辆数(辆)	增　长　率
2015	482975	—
2020	559850	3%
2025	617749	2%
2030	648068	1%

从统计数据可以看出,2004～2015年我国公交车单车客运量基本稳定,约为16万人次/(辆·年),考虑公交车的车型、载客人数未来不会发生较大变化,随着运行效率的提升,单车

载客量 2015～2030 年将小幅增加，至 2030 年达到 17 万人次/(辆·年)，由此可以计算得到以下预测结果，2015～2020 年、2020～2025 年、2025～2030 年我国公交客运量增长率分别为 3.2%、2.6%、1.6%，至 2030 年公交客运量达到 11017155 万人次(表 3-7)。

我国城市公交客运量预测值　　表 3-7

年　份	客运量(万人次)	增长率
2015	7054193	—
2020	8957608	3.2%
2025	10192858	2.6%
2030	11017155	1.6%

(2)城市出租客运量

因为现实中出租汽车数量的变化有地方职能部门直接管理，随 GDP 和市场变化都能够因素影响较小，例如北京多年来保持出租汽车 66636 辆的总数，因此研究采用趋势分析法并结合《城市道路交通规划设计规范》中对于各类型城市出租汽车保有量的要求进行预测，即根据过去中国的出租汽车发展趋势采取一些简单的模型推出未来中国的出租汽车拥有量，同时参考城市规模，保证大城市每千人不少于两辆，小城市每千人不少于 0.5 辆的要求。综合考虑上述因素预测出我国出租车数量见表 3-8。

我国城市出租车预测值　　表 3-8

年　份	车辆数(辆)	增长率
2015	1092083	—
2020	1166419	1.3%
2025	1215993	0.8%
2030	1249428	0.5%

从统计数据可以看出，2010～2015 年我国出租车单车客运量基本稳定，约为 3.7 万人次/(辆·年)，考虑出租车的车型、载客人数未来不会发生较大变化，随着运行效率的提升，单车载客量 2015～2030 年将小幅增加，至 2030 年达到 3.8 万人次/(辆·年)，由此可以计算得到以下预测结果，2015～2020 年、2020～2025 年、2025～2030 年我国出租车客运量增长率分别为 1.3%、0.8%、0.5%，至 2030 年出租车客运量达到 4747828 万人次(表 3-9)。

我国城市出租车客运量预测值　　表 3-9

年　份	客运量(万人次)	增长率
2015	4060000	—
2020	4432391	1.3%
2025	4620772	0.8%
2030	4747828	0.5%

(3)轨道交通客运量

轨道交通建设里程预测主要采取了趋势预测的方法，近些年来我国城市轨道交通建设呈现增长趋势(表 3-10)。

已获批的中期轨道交通建设计划 表 3-10

<table>
<tr><th>城　市</th><th>既有线数量（条）</th><th>既有线长度（km）</th><th>总数量（条）</th><th>总里程（km）</th><th>至 2013 年规划完成比例</th><th>规划完成日期</th></tr>
<tr><td>北京</td><td>16</td><td>441</td><td>29</td><td>965</td><td>48.19%</td><td rowspan="6">2020 年前</td></tr>
<tr><td>上海</td><td>12</td><td>445</td><td>22</td><td>884</td><td>60.63%</td></tr>
<tr><td>南京</td><td>2</td><td>97.5</td><td>9</td><td>357.6</td><td>27.2%</td></tr>
<tr><td>重庆</td><td>4</td><td>130</td><td>8</td><td>337</td><td>54.6%</td></tr>
<tr><td>香港</td><td>10</td><td>214</td><td>13</td><td>224</td><td>87.7%</td></tr>
<tr><td>杭州</td><td>1</td><td>48</td><td>3</td><td>121.5</td><td>39.51%</td></tr>
<tr><td>苏州</td><td>1</td><td>26</td><td>6</td><td>197</td><td>13.2%</td><td>2019 年前</td></tr>
<tr><td>广州</td><td>7</td><td>193</td><td>14</td><td>534</td><td>50.66%</td><td rowspan="2">2018 年前</td></tr>
<tr><td>佛山</td><td>1</td><td>20</td><td>3</td><td>122</td><td>16.39%</td></tr>
<tr><td>深圳</td><td>5</td><td>178.5</td><td>10</td><td>363</td><td>49.17%</td><td rowspan="6">2017 年前</td></tr>
<tr><td>沈阳</td><td>2</td><td>50</td><td>6</td><td>281.5</td><td>40.32%</td></tr>
<tr><td>武汉</td><td>2</td><td>57</td><td>9</td><td>27</td><td>28.83%</td></tr>
<tr><td>天津</td><td>5</td><td>139</td><td>7</td><td>237</td><td>58.65%</td></tr>
<tr><td>西安</td><td>1</td><td>20.5</td><td>6</td><td>223.5</td><td>23.49%</td></tr>
<tr><td>成都</td><td>2</td><td>41</td><td>6</td><td>201</td><td>24.88%</td></tr>
<tr><td>大连</td><td>2</td><td>63.5</td><td>4</td><td>216.5</td><td>49.19%</td><td rowspan="3">2015 年前</td></tr>
<tr><td>长春</td><td>2</td><td>48</td><td>4</td><td>87</td><td>55.17%</td></tr>
<tr><td>昆明</td><td>1</td><td>18</td><td>3</td><td>79</td><td>75.95%</td></tr>
<tr><td>郑州</td><td>0</td><td>0</td><td>5</td><td>161.5</td><td>16.1%</td><td rowspan="4">2020 年前</td></tr>
<tr><td>南昌</td><td>0</td><td>0</td><td>3</td><td>101</td><td>0%</td></tr>
<tr><td>兰州</td><td>0</td><td>0</td><td>3</td><td>88</td><td>0%</td></tr>
<tr><td>厦门</td><td>0</td><td>0</td><td>3</td><td>79</td><td>0%</td></tr>
<tr><td>长沙</td><td>0</td><td>0</td><td>3</td><td>116</td><td>18.97%</td><td>2018 年前</td></tr>
<tr><td>合肥</td><td>0</td><td>0</td><td>2</td><td>58</td><td>0%</td><td>2017 年前</td></tr>
<tr><td>哈尔滨</td><td>0</td><td>0</td><td>4</td><td>94.5</td><td>24.34%</td><td rowspan="5">2015 年前</td></tr>
<tr><td>宁波</td><td>0</td><td>0</td><td>2</td><td>71.5</td><td>0%</td></tr>
<tr><td>南宁</td><td>0</td><td>0</td><td>2</td><td>52.5</td><td>51.43%</td></tr>
<tr><td>东莞</td><td>0</td><td>0</td><td>1</td><td>38</td><td>0%</td></tr>
<tr><td>澳门</td><td>0</td><td>0</td><td>1</td><td>21</td><td>0%</td></tr>
<tr><td>福州</td><td>0</td><td>0</td><td>2</td><td>85</td><td>0%</td><td rowspan="2">2014 年前</td></tr>
<tr><td>无锡</td><td>0</td><td>0</td><td>2</td><td>55</td><td>0%</td></tr>
<tr><td>石家庄</td><td>0</td><td>0</td><td>3</td><td>59.5</td><td>0%</td><td rowspan="2">2020 年前</td></tr>
<tr><td>贵阳</td><td>0</td><td>0</td><td>2</td><td>59</td><td>0%</td></tr>
<tr><td>乌鲁木齐</td><td>0</td><td>0</td><td>2</td><td>48</td><td>0%</td><td>2019 年前</td></tr>
</table>

续上表

城　　市	既有线数量（条）	既有线长度（km）	总数量（条）	总里程（km）	至2013年规划完成比例	规划完成日期
徐州	0	0	3	67	0%	2018年前
太原	0	0	2	49	0%	
常州	0	0	2	54	0%	
总计	76	2230	209	7082		

假设2015～2020年轨道交通运营里程建设长度依照发改委已批准的城市轨道交通建设的规划及进度执行，2020～2030年在此基础上遵循趋势分析的方法设定的运营里程的建设，则预计2030年轨道交通里程达到11182km。

从统计数据可以看出，2006～2015年我国单位公里轨道交通客运量呈现上升趋势，自2011年起单位公里轨道交通客运量呈现较为稳定的趋势平均为450万人/km。随着轨道交通网络密集度提升，运输效率提高，单位公里轨道交通客运量仍将逐步提升，至2030年达到550万人/km，由此可以计算得到以下预测结果，2015～2020年、2020～2025年、2025～2030年我国轨道交通客运量增长率分别为17.2%、7.2%、6.5%，至2030年轨道交通客运量达到6150100万人次（表3-11）。

我国轨道交通客运量预测值　　表3-11

年　　份	客运量（万人次）	增　长　率
2015	1400102	—
2020	3186900	17.2%
2025	4499000	7.2%
2030	6150100	6.5%

3.4　交通运输结构优化分析

3.4.1　营运性货运结构优化情景设计

自新中国成立以来，中国的交通运输行业取得了极大的发展，交通运输结构几经变化，实现了以铁路运输为主到以铁路、公路运输为主，多种运输方式共同发展的变革。近年来公路运输周转量占比持续增加，水运占比也呈现增加趋势，与此同时铁路货运周转量占比下降显著（表3-12）。

1996～2015年我国营运性货运周转量结构　　表3-12

年份	铁　　路	公　　路	水　　运	民　　航
1996	53.0%	20.2%	26.7%	0.1%
1997	57.9%	23.0%	19.0%	0.1%
1998	55.7%	24.3%	19.9%	0.1%

续上表

年份	铁　　路	公　　路	水　　运	民　　航
1999	56.3%	25.0%	18.5%	0.2%
2000	51.7%	23.0%	25.0%	0.2%
2001	56.1%	24.2%	19.5%	0.2%
2002	55.4%	24.0%	20.4%	0.2%
2003	56.0%	23.0%	20.8%	0.2%
2004	53.0%	21.6%	25.2%	0.2%
2005	51.0%	21.4%	27.4%	0.2%
2006	49.1%	21.8%	28.9%	0.2%
2007	46.8%	22.3%	30.7%	0.2%
2008	33.3%	43.5%	23.1%	0.2%
2009	31.3%	46.1%	22.4%	0.2%
2010	29.5%	46.3%	24.0%	0.2%
2011	27.5%	48.0%	24.3%	0.2%
2012	24.9%	50.8%	24.1%	0.1%
2013	25.2%	48.1%	26.5%	0.1%
2014	22.7%	46.8%	30.3%	0.2%
2015	19.9%	48.5%	31.4%	0.2%

从国际经验来看,美国货运结构中铁路占比经历了一个下降继而上升的过程,近10年来,铁路货运周转量占比一直保持在30% ~40%。美国公路货运占比也一直呈现上升趋势。日本方面,铁路运输占比呈现持续下降趋势,与此同时公路占比持续增加,与我国情况较为相似。

因此,推测未来我国交通行业货运周转量结果仍以公路运输为主,主要是未来现代物流有较大的发展潜力。水路运输占比呈现增长趋势,铁路运输占比呈现下降趋势,主要是受大宗货运运输量降低的影响。但考虑到铁路运输在能耗及排放方面有显著优势,按照我国建设综合交通运输体系的发展思路,在结构优化情景下,铁路货运周转量占比将适当提高(表3-13、表3-14)。

2015 ~ 2030 年基准情景营运货运结构　　表3-13

年份	铁　　路	公　　路	水　　运	民　　航
2015	19.9%	48.5%	31.4%	0.2%
2020	19.8%	49.7%	30.4%	0.1%
2025	18.9%	48.7%	32.2%	0.1%
2030	18.0%	47.8%	34.1%	0.1%

2015～2030 年结构优化情景营运货运结构　　表 3-14

年份	铁　路	公　路	水　运	民　航
2015	19.9%	48.5%	31.4%	0.2%
2020	21.0%	46.4%	32.5%	0.1%
2025	22.4%	43.7%	33.7%	0.1%
2030	24.0%	40.9%	35.0%	0.1%

3.4.2　营运性客运结构优化情景设计

从历史统计数据可以看出，我国营运性客运中铁路、公路、民航一直是主要运输方式，水运占比很低，且呈现持续下降趋势。其中铁路运输占比出现了下降后又上升的现象，主要是由于我国客运高速铁路的快速发展导致的，未来仍将保持较快的发展速度。随着国民收入的提升，民航客运周转量占比也显著提升，特别是随着国际航线的增加，民航客运周转量快速提高(表 3-15)。

1996～2015 年我国营运性客运周转量结构　　表 3-15

年份	铁　路	公　路	水　运	民　航
1996	36.5%	53.6%	1.8%	8.2%
1997	35.7%	55.1%	1.5%	7.7%
1998	35.5%	55.9%	1.1%	7.5%
1999	36.6%	54.9%	0.9%	7.6%
2000	37.0%	54.3%	0.8%	7.9%
2001	36.2%	54.8%	0.7%	8.3%
2002	35.2%	55.3%	0.6%	9.0%
2003	34.7%	55.7%	0.5%	9.1%
2004	35.0%	53.6%	0.4%	10.9%
2005	34.7%	53.2%	0.4%	11.7%
2006	34.5%	52.8%	0.4%	12.3%
2007	33.4%	53.3%	0.4%	12.9%
2008	33.5%	53.8%	0.3%	12.4%
2009	31.7%	54.4%	0.3%	13.6%
2010	31.4%	53.8%	0.3%	14.5%
2011	31.0%	54.1%	0.2%	14.6%
2012	29.4%	55.3%	0.2%	15.1%
2013	38.4%	40.8%	0.2%	20.5%
2014	39.2%	38.4%	0.3%	22.1%
2015	39.8%	35.7%	0.2%	24.2%

从国际经验来看，客运方面美国公路运输占比一直占据主导地位，民航占比持续增加，铁路占比很小。而日本由于高速铁路的建设和发展，铁路在客运周转量的占比达到 32% 左右，但公路运输占比呈现快速增加的趋势。由此推断，未来我国交通营运性客运仍以铁路、民航、

公路为主,其中公路运输占比呈现下降趋势,主要是由于中长途出行未来会以铁路和民航为主。民航客运周转量占比呈现显著上升趋势主要是由于国际航班发展潜力较大,运输距离随之增长。同时考虑到铁路运输在能耗及排放上具有优势,以及未来我国高速铁路的快速发展,在结构优化情景下适当提高铁路客运占比。同时,铁路在国内中长途出行中对民航会有一定的替代作用,民航的占比将适当降低(表 3-16、表 3-17)。

2015～2030 年基准情景营运客运结构 表 3-16

年份	铁 路	公 路	水 运	民 航
2015	39.8%	35.7%	0.2%	24.2%
2020	41.5%	33.0%	0.2%	25.3%
2025	43.2%	30.3%	0.1%	26.4%
2030	45.0%	27.4%	0.1%	27.5%

2015～2030 年结构优化情景营运客运结构 表 3-17

年份	铁 路	公 路	水 运	民 航
2015	39.8%	35.7%	0.2%	24.2%
2020	42.5%	32.5%	0.2%	24.8%
2025	45.2%	29.3%	0.1%	25.4%
2030	48.0%	25.9%	0.1%	26.0%

3.4.3 城市交通客运结构情景设计

城市交通客运结构会影响公共交通出行客运量。因此,除了考虑公交、出租、轨道交通自身发展需求的预测,还应结合城市客运交通出行结构进行分析。以人均出行次数和人口测算城市客运总出行需求,结合私家车保留量预测数据,分析城市交通出行结构对公共交通客运量的影响。

本研究利用 Gompertz 模型预测了私人汽车的保有量,至 2030 年达到 3.49 亿辆,根据私家车的日均出行次数、平均载客率测算其客运量。结合对公交、出租、轨道交通客运量的预测,得到城市交通客运结构的基准情景,如表 3-18 所示。

2015～2030 年基准情景城市交通客运结构 表 3-18

年份	公交占比	轨道占比	出租占比	私家车占比
2015	21.1%	4.2%	12.2%	62.5%
2020	21.8%	7.8%	10.8%	59.6%
2025	19.5%	8.6%	8.8%	63.0%
2030	16.7%	9.3%	7.2%	66.7%

可以看出私人汽车仍然是城市交通出行的主要交通方式,且占比呈现增加趋势,同时公交出行占比呈现下降趋势。目前公交优先已经成为城市交通发展的共识,越来越多的城市对私家车的使用也出台了限制措施,如限号、限牌等。大力发展城市轨道交通是建设绿色交通运输

体系的重要举措，在《“十三五”控制温室气体排放工作方案》也明确提出“完善公交优先的城市交通运输体系，发展城市轨道交通、智能交通和慢行交通，鼓励绿色出行”。因此，在结构优化情景下，轨道交通和公交出行占比将快速提高，争取2030年将私家车出行占比控制在50%左右（表3-19）。

2015～2030年结构优化情景城市交通客运结构 表3-19

年份	公交	轨道	出租	私家车
2015	21.1%	4.2%	12.2%	63%
2020	23.0%	7.4%	10.0%	60%
2025	25.6%	10.0%	8.1%	56%
2030	28.6%	13.9%	6.5%	51%

4 交通运输行业节能低碳潜力分析

4.1 交通运输行业碳排放预测模型构建

4.1.1 研究综述

政府间气候变化专门委员会(IPCC)[1]和国家发改委:《省级温室气体清单编制指南》提出了两种方法用于计算交通碳排放:一种是“自上而下”的方法,它是根据区域内销售的交通燃料数量乘以其碳排放系数得到的;另一种方法是“自下而上”的方法,是从具体的各种交通方式出发,计算每种方式的碳排放量。“自下而上”的方法将交通部门划分为多种交通方式,通过计算不同交通方式的碳排放影响因子,得出各种交通方式的碳排放量并进行加总,得到整个交通部门的二氧化碳排放总量。这种“自下而上”的测算方法将交通系统进行了较为细致的划分,能够解释低碳交通运行活动与碳排放的内在机理,满足了情景分析的需求。

而现有研究中,存在多种自下而上的预测模型。使用较多的有 AIM 模型、MARKAL 模型(Market Allocation)和 LEAP 模型(Long-range Energy Alternatives Planning System)。AIM 模型主要侧重于对不同技术设备选择计算其运行时所需的能源量,是从技术角度出发,侧重于能源技术方面的选择[2];MARKAL 模型是从满足市场能源需求出发,研究市场分配规律的模型[4];LEAP 模型以部门为基本单位,通过预测能源需求从而进行环境影响评价[5]。综合考虑本项目的情况,LEAP 模型是基于情景政策开发的能耗环境模型,对需要划分子部门,针对具体政策效果的评价十分有效,该模型与低碳交通政策选择的目标相符。目前已有学者应用此模型对国内外的交通能源需求和碳排放预测进行了大量研究,此模型发展较为成熟。

从国外来看,Shobhakar Dhakal[6]运用 LEAP 模型评估了尼泊尔加德满都山谷到 2020 年不同情景下的城市交通能源需求和 CO_2、CO、HC、NO_x、SO_2、总悬浮颗粒(TSP)和铅的排放量。Shabbir 等[7]运用 LEAP 模型评估了印度德里市客运交通的能源消费和污染物排放在巴基斯坦,LEAP 模型被应用在监测拉瓦尔品第和伊斯兰堡市交通部门的污染物排放量。而近年来,国内也有相当多的学者利用 LEAP 模型进行交通领域的研究。周健等人[8]以厦门市城市交通部门为例,运用 LEAP 模型研究从基准年 2008 年到 2030 年的能源消费量以及 CO_2、SO_2、NO_x 和 PM_{10}的排放量,设定了基准情景和最佳情景。黄成等人[9]以上海为例,在确保未来交通需求的条件下,应用 LEAP 模型研究发展不同的交通出行方式对能耗和大气污染的影响。朱松丽等人[10]运用 LEAP 模型分别预测 1998 年、2000 年、2010 年、2015 年、2020 年公共交通和个体交通电力、天然气、汽油、柴油、LPG 的需求以及、CO_2、CO、HC、NO_x、SO_2、PM、N_2O 的排放。

因此本研究选用 LEAP 模型来预测我国交通运输行业 2015 ~ 2030 年能耗及碳排放。LEAP 模型即长期能源可替代规划模型,是一种“能源—环境”模型,由斯德哥尔摩环境研究院开发,用于计算能源需求引起的污染排放。LEAP 模型能源方案主体模块由能源需求、能源转化、生物资源、环境影响评价、费用分析五部分组成,通过“资源、转换、需求”三个过程,实现现实中能源从开发到满足需求的完整过程。在本项目研究过程中,只应用该模型的能源需求模块进行我国交通运输行业 2015 ~ 2030 年能源的需求预测,同时应用环境影响评价板块对我国交通运输行业 2015 ~ 2030 年碳排放进行核算。

(1)能源需求

能源需求预测数据结构可按照四个等级建立,即部门、子部门、终端使用及设备。数据结构建立好后,模型将按照下式求得预测期的能源需求量。

预测年份终端能源需求 = 预测年份活动水平 × 预测年份单位活动水平能源消耗量

(2)碳排放

将能源需求模块对未来我国交通运输行业能源需求的预测结果连接到环境数据库中,与二氧化碳的计算参数结合起来,预测我国交通运输行业碳排放情况。LEAP 模型自身的环境数据库中包括了默认二氧化碳计算参数,本研究针对我国的实际情况,更新了二氧化碳的计算参数。

预测年份终端碳排放 = 预测年份终端能源需求 × 二氧化碳排放因子

4.1.2 模型构建

构建模型之前首先需要明确研究范围:我国交通运输系统可划分为城际间交通运输和城市内交通运输两部分,按照我国交通运输部管理事权的范围,本书的分析测算包括:

(1)铁路、公路、水路、民航四种运输方式组成的营运性货运,其中水路运输不包括远洋运输;

(2)铁路、公路、水路、民航四种运输方式组成的城际间营运性客运;

(3)公交、出租、轨道交通三种运输方式组成的城市内公共交通,为考虑城市交通结构对公交、出租、轨道交通的影响,也考虑了私家车的保有量及出行预测,但不计算其能耗及排放。

基于 LEAP 模型框架,构建本研究的交通运输行业能耗及排放模型框架,如图 4-1 所示。首先测算营运性货运、营运性客运及城市公共交通的运输总量,在此基础上运用情景分析的方法设定交通运输结构,将客货运量分配至各个交通运输方式,详见第 4 章描述。最终结合各交通运输方式的能耗及排放因子,测算出交通行业的能耗及排放。

LEAP 模型应用所需的数据分为三部分:第一部分为活动水平的数据;第二部分为能耗强度及排放强度;第三部分为模型预测所需的驱动因子。

(1)活动水平数据

对于交通运输行业,活动水平数据指行业运输需求,即客/货运量或客/货运周转量,本研究中营运性客运及货运分别选取客运周转量及货运周转量指标,城市公共交通选取客运量指标作为活动水平数据。

(2)能耗强度及排放强度

客/货运周转量需要不同交通方式的终端来承担,能源强度是指终端利用层次中各种技术类型交通工具承担单位服务类即客运/货运周转量所需要的能源[其中客运能源强度的单位是 tce/(人·km),货运能源强度的单位是 tce/(t·km)]。

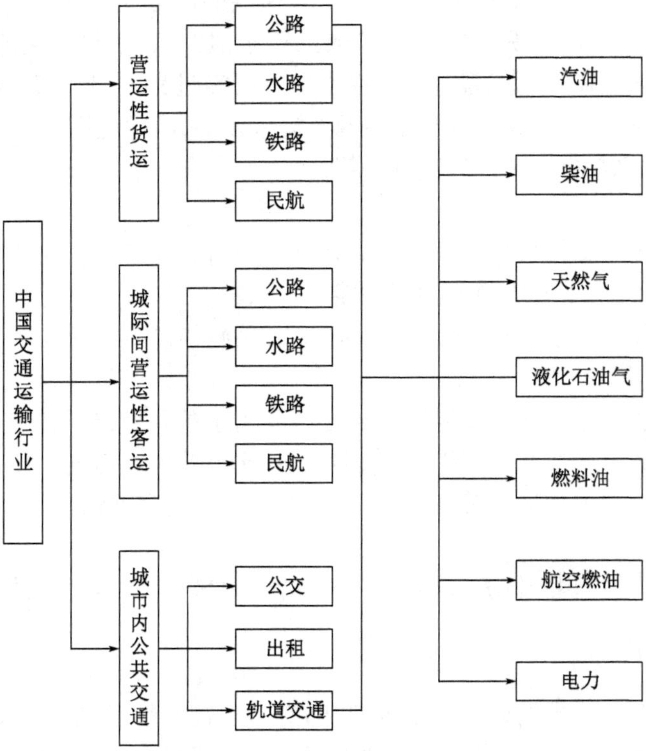

图 4-1　交通运输行业能耗及排放 LEAP 模型框架

能源强度[tce/(人·km)或 tce/(t·km)] = 百公里能耗(L/100km) × 燃料密度(kg/L) × 燃料的含能量(tce/kg)/运输量(人或 t)

交通碳排放与各种能源需求相关联,其排放强度的单位为 kg/tce 燃料。排放强度是指各部门终端利用层次各种能源技术消耗 1tce 能源所产生的碳排放。

排放强度(kg/tce 燃料) = 排放因子(g/km)/[百公里油耗(L/100km) × 燃料密度(kg/L) × 燃料的含能量(tce/kg)]

(3)模型的驱动因子

LEAP 模型的驱动因子主要包括经济发展、人口增长及技术选择等,本书涉及的驱动因子包括宏观经济因子和具体技术因子。

4.2　交通运输技术优化分析

根据建立的交通运输行业能耗及排放 LEAP 模型框架,对交通运输行业能耗及排放影响的主要三个因素是运输量、运输结构和能耗及排放因子。对于运输量预测(活动水平数据),第 4 章已经进行了详细的说明,针对运输结构、能耗及排放因子运用情景分析的方法进行研究,其中运输结构的情景设计已经在第 4 章进行了说明。能耗及排放因子主要受交通运输技术的影响,下面进行介绍。

4.2.1　公路运输

(1)能源消费结构

推进运输车辆柴油化,推广应用替代燃料,以此改变运输车辆的能源消费结构也是促进公路运输行业降低能耗的有效途径之一。根据相关研究,在运输相同货物、发动机排量相同的条件下,使用柴油发动机的车辆比汽油发动机的车辆油耗低15%左右。尤其是对于公路货运而言,推动货运车辆全面柴油化是节约能源、减少碳排放的主要手段。此外,采用替代燃料减少石化燃料的应用也可以达到减少碳排放的目的,但对于公路运输车辆而言,替代燃料主要应用于客运车辆,货运车辆应用替代燃料的比重非常小。以美国为例,货车采用替代燃料的比重还不足0.5%。不同情景下的客、货运输车辆汽油、柴油消费结构及替代燃料所占比重见表4-1、表4-2所示。

不同情景下公路客运车辆能源消费结构　　表4-1

情　景	能源消费结构	2015	2020	2030
基准情景	汽油比重	4.8%	4.6%	4.4%
	柴油比重	90.2%	87.4%	83.6%
	替代燃料比重	5.0%	8.0%	12.0%
	新能源比重	0	0	0
技术优化情景	汽油比重	4.6%	4.0%	3.5%
	柴油比重	87.4%	81.0%	70.5%
	替代燃料比重	8.0%	15.0%	25.0%
	新能源比重	0.0%	0.0%	1.0%
	替代燃料比重	12.0%	20.0%	30.0%
	新能源比重	0	0	1.5%

不同情景下公路货运车辆能源消费结构　　表4-2

情　景	能源消费结构	2015	2020	2030
基准情景	汽油比重	3.5%	3.1%	2.7%
	柴油比重	96.0%	95.4%	95.3%
	替代燃料比重	0.50%	1.50%	2%
	新能源比重	0	0	0
技术优化情景	汽油比重	3.3%	2.7%	2.4%
	柴油比重	94.7%	92.3%	89.5%
	替代燃料比重	2.0%	5.0%	8.0%
	新能源比重	0	0	0.1%

(2)运力结构

考虑到旅客运输未来将主要以提高服务水平为主,公路客运运力结构的调整要根据服务的需要,满足多样化的服务需求。因此,公路客运运力结构具有一定的不确定性。这里运力结构仅考虑货运车辆结构变化,相关研究表明普通载货汽车的平均吨位每提高1t,车辆的单位运输周转量能耗可以降低6%，可见调整货运运力结构，促进运输车辆向轻型化、大型化、重型化和拖挂化发展是节约能源，促进公路运输行业减少碳排放的另一有效措施。不同情景模式下公路货运运力结构变化趋势如表4-3所示。

不同情景下普通载货汽车吨位结构　　表4-3

年　份	基准情景		技术优化情景	
	平均吨位(t)	大型车总吨位比重	平均吨位(t)	大型车总吨位比重
2015	4.2	77%	4.4	78%
2020	4.4	79%	4.5	80%
2030	4.5	81%	4.6	82%

(3)运输组织化程度

通过发展先进运输组织方式，调整运输经营结构，促进公路运输集约化、组织化发展可以大大提高运输效率、运输车辆实载率和里程利用率，这也是减少能源消耗、促进公路运输行业向低碳方向发展的重要途径。我国公路客运的里程利用率相对较高，而公路货运的里程利用率在60%左右。研究表明，如果车辆里程利用率提高1%、3%、5%，则可分别使车辆能耗降低3%、7.5%、15%。而在实载率方面，目前由于超载超限的存在，我国货运车辆的平均实载率较高，而客车的实载率相对较低。因此，通过开展甩挂运输等先进运输组织方式，严格客运班线审批，提高运输组织化程度，货车里程利用率和客车实载率仍有较大提升空间。不同情景下甩挂运输、货车里程利用率和客车实载率情况见表4-4所示。

不同情景下甩挂运输发展及运输车辆运用情况　　表4-4

情　景	能源消费结构	2015	2020	2030
基准情景	甩挂运输承担运量比重	8%	10%	20%
	货车里程利用率	65.5%	66%	68%
	客车实载率	64.5%	65%	65.5%
技术优化情景	甩挂运输承担运量比重	12%	15%	30%
	货车里程利用率	66%	67%	70%
	客车实载率	65%	66%	67%

(4)车辆技术

公路运输行业作为车辆的使用部门，车辆技术状况的好坏对行业碳排放具有很大影响。目前我国营运汽车技术的状况与发达国家相比仍有较大差距，百车公里油耗比发达国家高20%左右。随着我国车辆制造业不断参与国际合作，引进国外先进技术，加大自主研发力度，公路运输车辆技术水平与国外先进水平的差距将越来越小，节能技术也将不断得到应用。车辆的技术进步难度大，需要投入大量的人力、物力，而且我国正在加大节能新技术的研发和应用。因此，下公路运输节能车辆的使用要与车辆技术进步同步，近期所占比重较小，且应该相对一致(表4-5)。

不同情景下公路运输节能车辆所占比重　　表 4-5

年　份	基 准 情 景	技术优化情景
2015	5%	10%
2020	10%	20%
2030	20%	35%

(5)生态驾驶

"生态驾驶"是让人们在驾车过程中实现节能减排的理念,在驾驶过程中,通过尽量保持经济车速,缓加速,缓制动,尽快提高挡位等方法减少能源消耗。据相关调查和试验研究,不同操作水平的驾驶员驾驶车辆油耗相差达 7% ~25% ,而生态驾驶可以让车辆节能 10% ~20% 。因此,驾驶员的车辆驾驶习惯以及驾驶水平对车辆能耗有重要影响,提高营运车辆驾驶员驾驶技术,采用生态驾驶是一项潜力巨大且花费少、见效快的节能措施。不同情景下生态驾驶培训普及率详见表 4-6。

不同情景下生态驾驶培训普及率　　表 4-6

年　份	基 准 情 景	技术优化情景
2015	60%	62%
2020	65%	70%
2030	70%	75%

根据对以上技术因素的分析,预测在基准情景和技术优化情景下公路客货运周转量的能耗及排放强度见表 4-7、表 4-8。

公路客运能耗及强度因子　　表 4-7

年　份	基 准 情 景		技术优化情景	
	能耗强度	排放强度	能耗强度	排放强度
	千克标煤/(千人·km)	kg/(千人·km)	千克标煤/(千人·km)	kg/(千人·km)
2015	16.23	35.22	16.23	35.22
	16.16	35.06	16.08	34.90
	16.08	34.90	15.94	34.59
	16.01	34.74	15.80	34.28
	15.93	34.58	15.66	33.98
2020	15.86	34.42	15.52	33.67
	15.81	34.25	15.43	33.45
	15.75	34.13	15.35	33.27
	15.70	34.01	15.27	33.09
	15.64	33.90	15.19	32.92

续上表

年　份	基 准 情 景		技术优化情景	
	能耗强度	排放强度	能耗强度	排放强度
	千克标煤/(千人·km)	kg/(千人·km)	千克标煤/(千人·km)	kg/(千人·km)
2025	15.59	33.78	15.11	32.74
	15.53	33.60	15.03	32.51
	15.48	33.48	14.95	32.33
	15.43	33.37	14.87	32.16
	15.37	33.25	14.79	31.99
2030	15.32	33.14	14.71	31.82

公路货运能耗及强度因子

表 4-8

年　份	基 准 情 景		技术优化情景	
	能耗强度	排放强度	能耗强度	排放强度
	千克标煤/(百 t·km)	kg/(百 t·km)	千克标煤/(百 t·km)	kg/(百 t·km)
2015	3.76	8.16	3.76	8.16
	3.73	8.08	3.68	7.98
	3.69	8.01	3.59	7.80
	3.66	7.94	3.51	7.63
	3.62	7.86	3.44	7.46
2020	3.59	7.79	3.36	7.29
	3.56	7.70	3.31	7.17
	3.52	7.63	3.26	7.06
	3.49	7.56	3.21	6.96
	3.45	7.49	3.16	6.86
2025	3.42	7.41	3.12	6.75
	3.39	7.33	3.07	6.64
	3.36	7.26	3.02	6.54
	3.32	7.19	2.98	6.44
	3.29	7.12	2.93	6.35
2030	3.26	7.05	2.89	6.25

4.2.2　水路运输

(1)船舶能效提升

船舶设计水平、船舶大型化、船型标准化、船体低碳技术应用等技术类,提高船舶运输组织管理水平、采用经济航速等管理类,以及我国在船舶燃料效率标准的制订、环境保护政策要求等方面可能采取政策,均是船舶运输能效的重要影响因素。这些影响因素的航运综合节能效果对水路运输能耗强度的影响见表 4-9。

水路运输能耗强度年均下降率(单位:%)　　表 4-9

年份		2015~2020	2020~2030
基准情景	沿海货运	1.3	0.8
	内河货运	2.4	1.3
	沿海客运	0.8	0.6
	内河客运	1.1	0.9
技术优化情景	沿海货运	1.9	1.2
	内河货运	3.1	1.8
	沿海客运	1.1	0.9
	内河客运	1.4	1.2

(2)替代能源和可再生能源利用

太阳能燃料电池、生物质柴油、LNG、风能、核能、船用岸电等技术在船舶上的研究应用正在不断推进,也必将对未来船舶节能减排产生重大积极影响。尤其是今年来我国大力推进LNG船舶应用,先后发布了《交通运输部关于加快推进水运行业应用液化天然气的指导意见》《天然气燃料船舶动力规范》等指导文件和技术规范。不同情景下LNG在船用燃料中的应用比例预测见表4-10。

LNG在船用燃料的应用比例预测(单位:%)　　表 4-10

年份		2020	2030
基准情景	内河	10	20
	沿海	2	10
技术优化情景	内河	15	30
	沿海	10	20

根据对以上技术因素的分析,预测在基准情景和技术优化情景下水路运输客货运周转量的能耗及排放强度见表4-11、表4-12。

水路客运能耗及强度因子　　表 4-11

年份	基准情景		技术优化情景	
	能耗强度	排放强度	能耗强度	排放强度
	千克标煤/(百人·km)	kg/(百人·km)	千克标煤/(百人·km)	kg/(百人·km)
2015	2.28	5.08	2.28	5.08
2016	2.26	5.04	2.24	4.99
2017	2.24	4.99	2.20	4.90
2018	2.22	4.95	2.16	4.81
2019	2.20	4.91	2.12	4.72
2020	2.18	4.82	2.08	4.60
2021	2.16	4.78	2.06	4.55
2022	2.15	4.75	2.04	4.50

续上表

年份	基准情景		技术优化情景	
	能耗强度	排放强度	能耗强度	排放强度
	千克标煤/(百人·km)	kg/(百人·km)	千克标煤/(百人·km)	kg/(百人·km)
2023	2.13	4.72	2.02	4.46
2024	2.12	4.68	2.00	4.41
2025	2.10	4.61	1.98	4.33
2026	2.09	4.57	1.96	4.29
2027	2.07	4.54	1.94	4.24
2028	2.06	4.51	1.92	4.20
2029	2.04	4.48	1.90	4.16
2030	2.03	4.45	1.88	4.12

水路货运能耗及强度因子 表4-12

年份	基准情景		技术优化情景	
	能耗强度	排放强度	能耗强度	排放强度
	千克标煤/(百t·km)	kg/(百t·km)	千克标煤/(百t·km)	kg/(百t·km)
2015	0.93	2.07	0.93	2.07
2016	0.91	2.03	0.91	2.03
2017	0.90	2.00	0.89	1.99
2018	0.88	1.97	0.87	1.95
2019	0.87	1.93	0.86	1.91
2020	0.85	1.89	0.84	1.86
2021	0.84	1.87	0.83	1.84
2022	0.84	1.85	0.82	1.82
2023	0.83	1.83	0.81	1.80
2024	0.82	1.82	0.80	1.78
2025	0.81	1.78	0.80	1.74
2026	0.81	1.76	0.79	1.72
2027	0.80	1.75	0.78	1.70
2028	0.79	1.73	0.77	1.69
2029	0.78	1.72	0.76	1.67
2030	0.78	1.70	0.75	1.65

4.2.3 铁路运输

(1)牵引结构

由于内燃牵引方式单位运输量能耗高于电力牵引,而且内燃牵引会产生大量的碳排放,而电力牵引没有终端碳排放,因此牵引结构既是影响铁路能耗水平的重要因素,也是铁路减排的重要措施。如果未来电力牵引比重提高,则铁路整体的牵引能效会提高,终端排放也会减少。

(2)线路质量

线路质量基本上只与铁路自身技术标准和维修水平相关,线路质量好、维护率高则铁路运行效率和安全性高,会增加铁路的竞争力,反之则降低其竞争力。

(3)机车能效水平

牵引能耗是铁路能耗的主要部分,铁路牵引机车能效水平直接决定铁路牵引能耗水平的高低,它是铁路节能的主要技术环节。在既定牵引结构下,机车能效高,则牵引能耗水平高,反之,则牵引能耗水平低。

(4)供电系统能源输送效率

供电系统输送效率的高低也直接决定铁路电力牵引的能耗水平,供电输送效率高,则电能损失少,反之则电能损失多。

(5)运输组织管理水平

在既有基础设施和技术装备条件下,铁路运输组织与管理水平的高低是决定硬件设施设备能力能否充分发挥的重要影响因素,进而决定铁路的市场竞争力和市场份额。运输组织管理水平既包括适应市场的能力,也包括铁路系统内部运行调度是否顺畅、运输组织是否高效、作业流程是否优化、节能管理是否到位等方面(表4-13)。

不同情景下铁路运输相关参数设置 表4-13

情　　景	情 景 设 置
基准情景	铁路按照既定的发展目标开展铁路建设,到2020年铁路客运专线、城际铁路、重点煤运通道等陆续建成运营,主要干线客货实现分线运行,铁路的整体能力得到提高,基本满足市场需求,到2020年、2030年铁路电气化率达到60%、65%,电力牵引比重达到75%、85%左右
技术优化情景	铁路按照既定的发展目标开展铁路建设,铁路客运专线、城际线路、重点煤运通道等陆续建成运营,主要干线客货实现分线运行,路网布局基本完善,铁路的整体能力明显提高,到2020年、2030年铁路电气化率分别达到70%、80%,电力牵引比重分别达到85%、90%左右,同时铁路在节能技术应用方面取得一定成效,运输组织水平有一定改善

根据对以上技术因素的分析,预测在基准情景和技术优化情景下铁路运输客货运周转量的能耗及排放强度见表4-14、表4-15。

铁路客运能耗及强度因子 表4-14

年　　份	基 准 情 景		技术优化情景	
	能耗强度	排放强度	能耗强度	排放强度
	千克标煤/(千人·km)	kg/(千人·km)	千克标煤/(千人·km)	kg/(千人·km)
2015	3.28	8.06	3.28	8.06
2016	3.39	8.31	3.35	8.23
2017	3.49	8.58	3.42	8.40
2018	3.61	8.83	3.49	8.55
2019	3.72	9.12	3.56	8.73
2020	3.84	9.41	3.64	8.92

续上表

年份	基准情景		技术优化情景	
	能耗强度	排放强度	能耗强度	排放强度
	千克标煤/(千人·km)	kg/(千人·km)	千克标煤/(千人·km)	kg/(千人·km)
2021	3.91	9.59	3.70	9.06
2022	3.99	9.77	3.75	9.20
2023	4.06	9.92	3.81	9.30
2024	4.14	10.11	3.87	9.45
2025	4.22	10.30	3.93	9.59
2026	4.30	10.50	3.99	9.74
2027	4.38	10.70	4.05	9.89
2028	4.47	10.90	4.12	10.05
2029	4.55	11.11	4.18	10.20
2030	4.64	11.32	4.25	10.36

铁路货运能耗及强度因子　　表4-15

年份	基准情景		技术优化情景	
	能耗强度	排放强度	能耗强度	排放强度
	千克标煤/(百t·km)	kg/(百t·km)	千克标煤/(百t·km)	kg/(百t·km)
2015	0.495	1.22	0.495	1.22
2016	0.494	1.21	0.492	1.21
2017	0.494	1.21	0.489	1.20
2018	0.493	1.21	0.487	1.19
2019	0.493	1.21	0.484	1.19
2020	0.492	1.21	0.481	1.18
2021	0.491	1.20	0.479	1.17
2022	0.491	1.20	0.476	1.17
2023	0.490	1.20	0.474	1.16
2024	0.490	1.19	0.471	1.15
2025	0.489	1.19	0.469	1.14
2026	0.488	1.19	0.466	1.14
2027	0.488	1.19	0.464	1.13
2028	0.487	1.19	0.462	1.13
2029	0.487	1.19	0.459	1.12
2030	0.486	1.19	0.457	1.12

4.2.4 民航运输

(1)技术效率提升

民航技术效率的提升主要是指与航空器相关的一系列的提升;包括:

①发动机设计进步,比如3D压缩机叶片;

②使用层流机翼改善机翼的空气动力学表现;

③使用轻质材料降低飞机的空重等。

相关研究[11]指出,由于新机型需要时间研发以及时间推广到各个机队,从而从飞机这种资本密集型资产的角度来说,以飞机的预期寿命时间来看,上述的有关航空器的一系列技术进步的速度为每年0.4%~1.5%。在ICAO第37届大会上,190个成员国签署了第一份全球性政府框架协议,表示共同努力稳定碳排放,遵循到2050年燃油效率每年提升2%的标准。鉴于此,对于技术效率增速,本研究设置两种情景:基准情景:2%的燃油效率提升;技术优化节能情景:在2020年之前为3%的燃油效率提升(表4-16)。

不同情景下航空运输燃油效率提升率(单位:%) 表4-16

年 份	基 准 情 景	技术优化情景
2015	0	0
2020	2	3
2030	2	3

(2)运营效率提升

运营效率的提升是对航线的调整和对空中交通管制的调整实现的,包括:

①飞行器减重,比如减少燃油的携带,限制旅客行李的重量和数量等;

②为节省燃油消耗最优化飞行操作,比如降低巡航速度,优化爬升\下降路径,优化巡航高度,使用持续的近进路线等;

③优化地面操作,比如使用单引擎的摆渡车,优化地面路线,减少等待时间等。

参考IPCC的估计,至2050年全球系统范围内的运营效率提升可以达到6%~12%。因此对于运营效率的增速,编写组同样假设两种情景,分别是基准情景:3.6%的运营效率提升;技术优化情景:7.2%的运营效率提升(表4-17)。

不同情景下航空运输运营效率提升率(单位:%) 表4-17

年 份	基 准 情 景	技术优化情景
2015	0	0
2020	1.2	2.4
2030	3.6	7.2

根据对以上技术因素的分析,预测在基准情景和技术优化情景下民航运输客货运周转量的能耗及排放强度见表4-18、表4-19。

民航客运能耗及强度因子

表 4-18

年份	基准情景		技术优化情景	
	能耗强度	排放强度	能耗强度	排放强度
	千克标煤/(千人·km)	kg/(千人·km)	千克标煤/(千人·km)	kg/(千人·km)
2015	46.03	113.09	46.03	113.09
2016	45.57	111.96	45.30	111.30
2017	45.11	110.52	44.58	109.23
2018	44.66	109.42	43.88	107.50
2019	44.21	108.32	43.18	105.80
2020	43.77	107.24	42.50	104.13
2021	43.12	105.20	41.77	101.91
2022	42.47	103.62	41.04	100.15
2023	41.83	102.07	40.33	98.42
2024	41.20	100.54	39.64	96.71
2025	40.59	99.03	38.95	95.04
2026	39.98	97.35	38.28	93.21
2027	39.38	95.88	37.62	91.60
2028	38.79	94.45	36.97	90.01
2029	38.21	93.03	36.33	88.46
2030	37.63	91.63	35.70	86.93

民航货运能耗及强度因子

表 4-19

年份	基准情景		技术优化情景	
	能耗强度	排放强度	能耗强度	排放强度
	千克标煤/(千t·km)	kg/(千t·km)	千克标煤/(千t·km)	kg/(千t·km)
2015	458.70	1127.03	458.70	1127.03
2016	454.11	1115.76	454.11	1115.76
2017	449.57	1101.45	442.84	1084.95
2018	445.08	1090.44	431.84	1058.00
2019	440.63	1079.53	421.11	1031.73
2020	436.22	1068.74	404.50	991.03
2021	429.68	1048.41	395.94	966.09
2022	423.23	1032.68	387.56	945.64
2023	416.88	1017.19	379.36	925.63
2024	410.63	1001.94	371.33	906.04
2025	404.47	986.91	363.47	886.86
2026	398.40	970.11	355.78	866.32
2027	392.43	955.56	348.25	847.98
2028	386.54	941.23	340.88	830.03
2029	380.74	927.11	333.66	812.47
2030	375.03	913.20	326.60	795.27

4.2.5 城市公共交通

(1)车辆能源结构

①公共汽电车能源结构。

改变能源消费结构是降低能耗减少排放的有效措施之一,依据现有技术,公共汽电车的能源结构类型可主要划分为汽油、柴油、LPG、CNG、和纯电动车辆,其中汽油、柴油、LPG为传统化石燃料,燃烧后温室气体排放较大,CNG和电力为新能源或可替代能源。在技术优化情景中以传统化石燃料为能源的车辆比例将会受到限制,而天然气和纯电动车辆的数量和比重将会因政策鼓励有较为明显的提升(表4-20)。

不同情景下城市公共汽电车能源结构(单位:%)　　表4-20

情　景	能源消费结构	2020	2030
基准情景	汽油	9.4	9.6
	柴油	73.1	72.8
	CNG	14.9	14.9
	LPG	2.4	2.6
	电动	0.0	0.0
技术优化情景	汽油	9.0	8.6
	柴油	69.5	65.5
	CNG	18.2	20.4
	LPG	0.0	0.0
	电动	3.3	5.4

②出租汽车能源结构。

城市出租汽车现有的能源类型主要为汽油、柴油、LPG、CNG、双燃料、纯电动和混合动力等。其中汽油、柴油和LPG定义为传统的化石燃料,燃烧后温室气体排放较大,CNG、双燃料、纯电动和混合动力因为其有较高的燃料利用效率或较为清洁的排放,故在技术优化情景中收到推广,传统化石燃料车辆受到抑制,在能源结构中的比例将会下降(表4-21)。

不同情景下城市出租汽车能源结构(单位:%)　　表4-21

情　景	能源消费结构	2020	2030
基准情景	汽油	69.2	68.7
	柴油	7.3	7.3
	LPG	0.0	0.0
	CNG	1.6	1.7
	双燃料	21.7	22.1
	电动	0.1	0.1
	混动*	0.1	0.1

续上表

情　　景	能源消费结构	2020	2030
技术优化情景	汽油	65.4	61.5
	柴油	6.9	6.5
	LPG	0.0	0.0
	CNG	2.7	3.6
	双燃料	22.8	24.1
	电动	1.2	2.1
	混动	1.2	2.1

(2)技术提升

综合分析对于城市客运能耗强度产生重要影响的技术措施,其中包括车辆技术的进步,主要体现在涡轮增压技术的应用、缸内直喷技术的应用、车体轻量化等新型技术在车辆上的应用从而提升车辆的燃油经济性。生态驾驶技术主体现在,通过开展生态驾驶技术培训,鼓励引导驾驶员采用生态驾驶技术,合理控制车速、减少不必要的制动等驾驶手段降低车辆的能耗强度。车辆养护水平是通过提高车辆进场率,从而增加车辆的维护水平,增加车辆的机械效率。综合考虑各项措施对于城市客运能耗强度相对于2015年的影响,结果见表4-22。

技术提升对于能耗强度的影响(合计)(单位:%)　　表4-22

情　　景	2015	2020	2030
基准情景	0	-1.49	-2.96
技术优化情景	0	-2.47	-4.88

根据对以上技术因素的分析,预测在基准情景和技术优化情景下城市公共交通客运量的能耗及排放强度见表4-23~表4-25。

公交客运能耗及强度因子　　表4-23

年　　份	基 准 情 景		技术优化情景	
	能耗强度	排放强度	能耗强度	排放强度
	t/万人次	t/万人次	t/万人次	t/万人次
2015	1.55	3.15	1.55	3.15
2016	1.53	3.11	1.51	3.06
2017	1.51	3.07	1.47	2.97
2018	1.50	3.03	1.43	2.89
2019	1.48	3.00	1.39	2.81
2020	1.46	2.96	1.35	2.73
2021	1.45	2.95	1.34	2.70
2022	1.45	2.93	1.33	2.68
2023	1.44	2.92	1.32	2.65
2024	1.44	2.90	1.30	2.63

续上表

年份	基准情景		技术优化情景	
	能耗强度	排放强度	能耗强度	排放强度
	t/万人次	t/万人次	t/万人次	t/万人次
2025	1.43	2.89	1.29	2.60
2026	1.42	2.88	1.28	2.58
2027	1.42	2.86	1.27	2.55
2028	1.41	2.85	1.26	2.53
2029	1.41	2.83	1.25	2.50
2030	1.40	2.82	1.24	2.48

出租客运能耗及强度因子 表4-24

年份	基准情景		技术优化情景	
	能耗强度	排放强度	能耗强度	排放强度
	t/万人次	t/万人次	t/万人次	t/万人次
2015	5.95	11.31	5.95	11.31
2016	5.84	11.09	5.83	11.08
2017	5.72	10.87	5.72	10.86
2018	5.61	10.67	5.60	10.64
2019	5.51	10.46	5.49	10.43
2020	5.40	10.26	5.38	10.22
2021	5.35	10.06	5.33	10.02
2022	5.30	9.96	5.28	9.92
2023	5.25	9.87	5.22	9.82
2024	5.20	9.77	5.17	9.73
2025	5.15	9.68	5.12	9.63
2026	5.10	9.49	5.07	9.44
2027	5.05	9.40	5.02	9.35
2028	5.00	9.31	4.98	9.26
2029	4.96	9.22	4.93	9.17
2030	4.91	9.13	4.88	9.08

轨道交通能耗及强度因子 表4-25

年份	基准情景		技术优化情景	
	能耗强度	排放强度	能耗强度	排放强度
	t/万人次	t/万人次	t/万人次	t/万人次
2015	0.91	5.08	0.91	5.08
2016	0.89	4.95	0.88	4.89

续上表

年　份	基 准 情 景		技术优化情景	
	能耗强度	排放强度	能耗强度	排放强度
	t/万人次	t/万人次	t/万人次	t/万人次
2017	0.86	4.82	0.84	4.70
2018	0.84	4.70	0.81	4.52
2019	0.82	4.58	0.78	4.35
2020	0.80	4.46	0.75	4.19
2021	0.78	4.34	0.72	4.02
2022	0.76	4.21	0.69	3.86
2023	0.73	4.09	0.66	3.71
2024	0.71	3.98	0.64	3.56
2025	0.69	3.87	0.61	3.42
2026	0.67	3.76	0.59	3.28
2027	0.65	3.65	0.56	3.15
2028	0.64	3.55	0.54	3.03
2029	0.62	3.45	0.52	2.91
2030	0.60	3.35	0.50	2.79

4.3　交通行业减排潜力分析

根据上文分析的结果，本研究共设置四种情景，包括基准情景、结构优化情景、技术优化情景以及低碳情景，其中低碳情景指结构优化措施和技术优化措施同时实施。

4.3.1　能耗及排放总量

从总量上来看，在四种情景下，公路、水路、铁路、民航、城市交通等运输方式的能耗及排放总量如图 4-2 所示，其中可以看出，基准情景、结构优化情景、技术优化情景和低碳情景下交通运输总能耗和排放呈现上升态势，且四种情景下均未出现能耗和排放峰值，但增速呈下降趋势。基准情景、结构优化情景、技术优化情景和低碳情景下能耗总量在 2030 年分别达到 5.3 亿吨标煤、5.0 亿吨标煤、4.8 亿吨标煤、4.6 亿吨标煤，排放总量在 2030 年分别达到 11.8 亿吨二氧化碳、11.2亿吨二氧化碳、10.8 亿吨二氧化碳、10.2 亿吨二氧化碳。2020 年、2030 年，结构优化的减排潜力分别为 3.6%、5.3%，技术优化的减排潜力分别为 5%、9%（图 4-2、图 4-3）。

4.3.2　能耗及排放结构

从结构上来看，以碳排放结构为例（能耗结构与碳排放结构类似），如图 4-4 所示，四种情景下公路运输是各种运输方式中能源消耗和碳排放的最主要来源，基准情景、结构优化情景、技术优化情景和低碳情景下其 CO_2 排放占比在 2030 年分别占到 63.9%、58.5%、62.5%、

57.2%，其次是航空运输，其 CO_2 排放占比在 2030 年分别占到 12.5%、12.7%、12.9%、13.0%。可以看出，在结构优化情景下，公路运输 CO_2 排放占比由 63.9% 下降到 58.8%，铁路运输 CO_2 排放占比由 5.5% 上升到 7.2%。

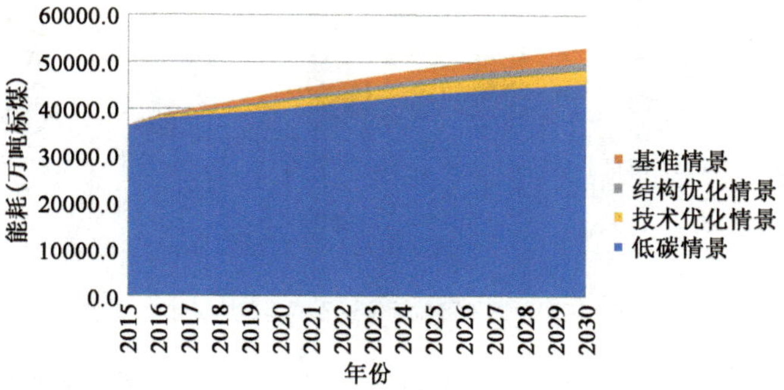

图 4-2 四种情景下中国交通运输能耗比较

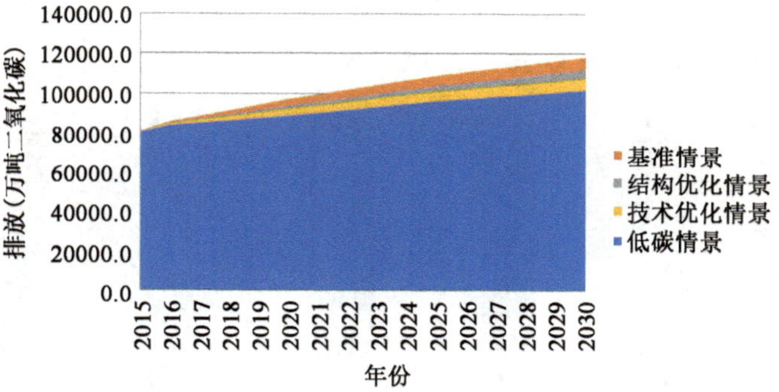

图 4-3 四种情景下中国交通运输 CO_2 排放比较

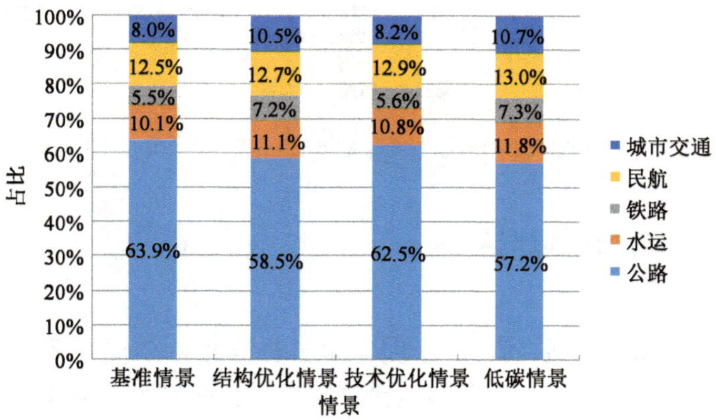

图 4-4 2030 年四种情景下不同运输方式 CO_2 排放占比

从城际客运交通碳排放结构上来看，如图 4-5 所示，四种情景下民航运输是各种运输方式中能源消耗和碳排放的最主要来源，基准情景、结构优化情景、技术优化情景和低碳情景下其 CO_2 排放占比在 2030 年分别占到 64.0%、62.9%、64.0%、63.0%。相较于现状，铁路运输在 2030 年四种情景下 CO_2 排放占比增长较大。

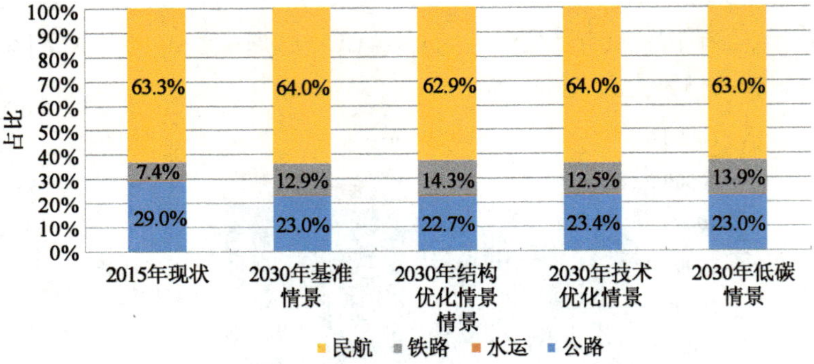

图 4-5　2030 年四种情景下城际客运不同运输方式 CO_2 排放占比

从城际货运交通碳排放结构上来看，如图 4-6 所示，四种情景下公路运输是各种运输方式中能源消耗和碳排放的最主要来源，基准情景、结构优化情景、技术优化情景和低碳情景下其 CO_2 排放占比在 2030 年分别占到 78.6%、74.2%、77.5%、72.9%。现较于现状，铁路运输和水路运输在 2030 年四种情景下 CO_2 排放占比增长较大。

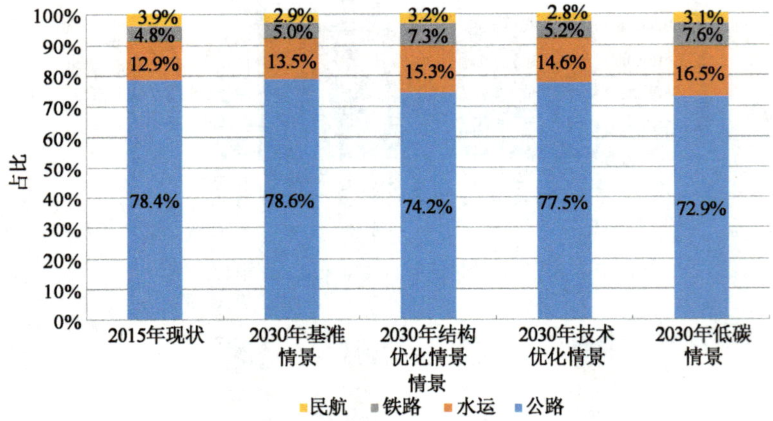

图 4-6　2030 年四种情景下城际货运不同运输方式 CO_2 排放占比

4.3.3　各交通方式碳排放结果

(1)公路运输

根据上文设定的情景及参数，可测算公路运输 2015～2030 年能耗及碳排放量。以碳排放为例，2020 年、2030 年在低碳情景下，公路运输的减排潜力分别能达到 12%、23.2%。公路运输的节能潜力是各交通运输方式中最高的，也是交通运输行业实现减排目标的关键领域（图 4-7）。

(2)水路运输

根据上文设定的情景及参数，可测算水路运输 2015～2030 年能耗及碳排放量。以碳排放为例，低碳情景下 2020 年水路运输减排潜力为 5.3%。而至 2030 年由于货运结构调整，水路运输货运周转量增加，导致低碳情景下水路运输碳排放高于基准情景（图 4-8）。

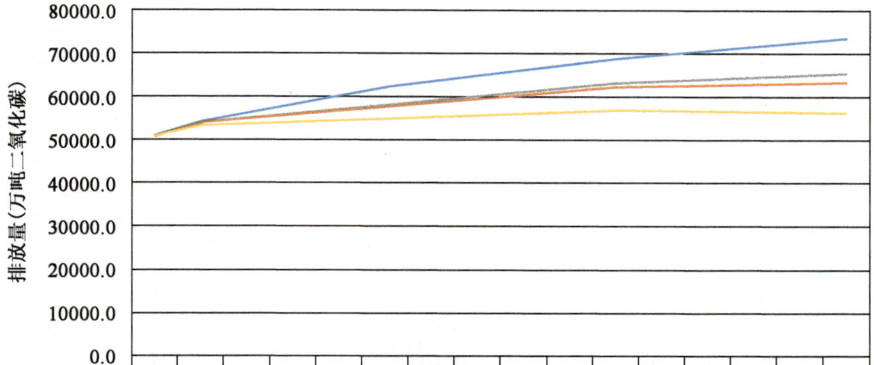

	2015	2016	2017	2018	2019	2020	2021	2022	2023	2024	2025	2026	2027	2028	2029	2030
基准情景	51070	54498	56413	58366	60358	62391	63645	64989	66336	67689	69048	69854	70782	71706	72624	73538
结构优化	51070	53813	54994	56162	57318	58462	59210	60011	60786	61533	62252	62444	62718	62958	63164	63334
技术优化	51070	53815	55008	56198	57387	58575	59444	60385	61319	62246	63167	63575	64087	64588	65078	65557
低碳情景	51070	53139	53625	54080	54503	54896	55312	55773	56202	56601	56968	56852	56809	56734	56628	56491

图 4-7 2015～2030 公路运输排放测算

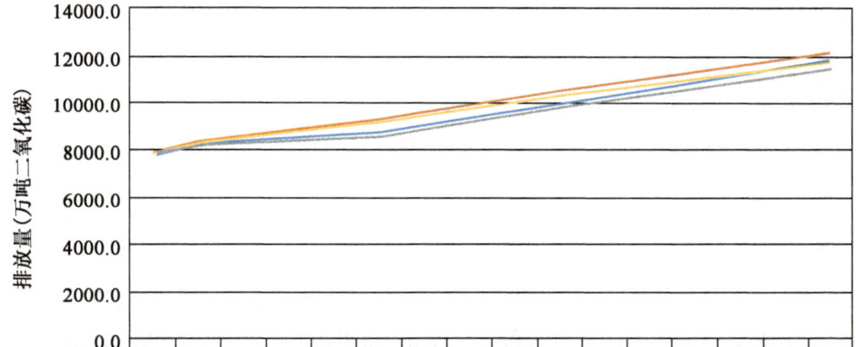

	2015	2016	2017	2018	2019	2020	2021	2022	2023	2024	2025	2026	2027	2028	2029	2030
基准情景	7805	8196	8331	8464	8595	8646	8969	9300	9640	9990	10255	10554	10859	11170	11488	11813
结构优化	7805	8305	8554	8806	9061	9236	9543	9857	10177	10505	10741	11011	11284	11562	11845	12132
技术优化	7805	8173	8284	8392	8497	8523	8827	9139	9458	9786	10030	10305	10586	10873	11165	11462
低碳情景	7805	8281	8505	8731	8958	9105	9393	9686	9985	10290	10505	10752	11001	11254	11511	11771

图 4-8 2015～2030 水路运输排放测算

(3)铁路运输

根据上文设定的情景及参数,可测算铁路运输 2015～2030 年能耗及碳排放量。以碳排放为例,由于交通运输结构优化铁路的客货运周转量在低碳情景下均高于基准情景,因此铁路运输在低碳情景下碳排放量高于基准情景(图 4-9)。

(4)民航运输

根据上文设定的情景及参数,可测算民航运输 2015～2030 年能耗及碳排放量。以碳排放为例,2020 年、2030 年在低碳情景下,民航运输的减排潜力分别能达到 5.3%、10.7%。民航运输由于单位运输量能耗及排放强度高,有较大的减排空间(图 4-10)。

(5)城市公共交通

根据上文设定的情景及参数,可测算城市公共交通 2015～2030 年能耗及碳排放量。以碳排放为例,低碳情景下 2020 年城市公共交通减排潜力为 6.7%。而至 2030 年由于城市交通运输结构调整,公共交通出行客运量增加,导致低碳情景下城市公共交通碳排放高于基准情景(图 4-11)。

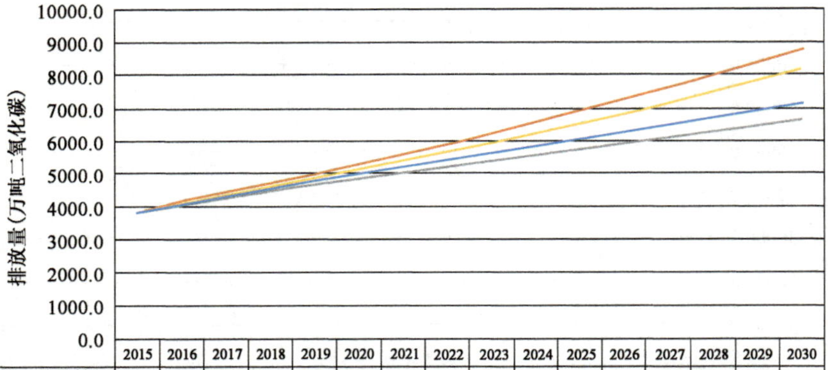

	2015	2016	2017	2018	2019	2020	2021	2022	2023	2024	2025	2026	2027	2028	2029	2030
基准情景	3851	4147	4359	4571	4805	5052	5239	5434	5614	5825	6044	6241	6447	6661	6886	7120
结构优化	3851	4189	4448	4710	5000	5308	5599	5906	6204	6542	6898	7234	7587	7957	8346	8754
技术优化	3851	4122	4306	4486	4686	4895	5056	5223	5375	5554	5740	5903	6072	6249	6434	6626
低碳情景	3851	4164	4394	4624	4877	5144	5406	5680	5942	6242	6556	6848	7154	7474	7808	8157

图 4-9 2015～2030 铁路运输排放测算

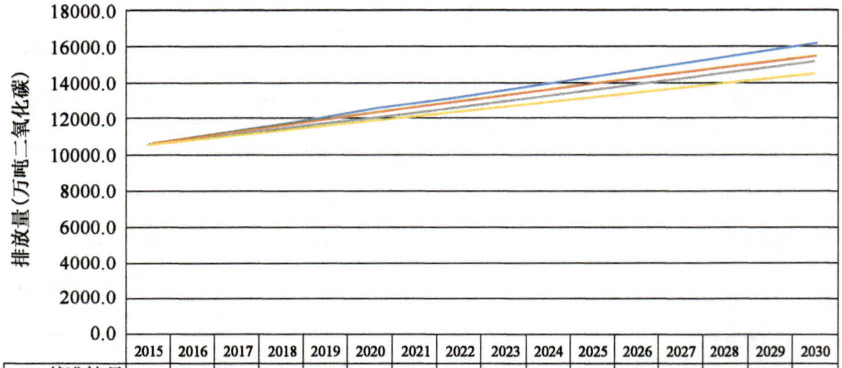

	2015	2016	2017	2018	2019	2020	2021	2022	2023	2024	2025	2026	2027	2028	2029	2030
基准情景	10580	11012	11349	11733	12135	12553	12857	13223	13598	13984	14381	14708	15073	15448	15833	16229
结构优化	10580	10977	11278	11622	11980	12352	12613	12932	13259	13593	13937	14208	14515	14830	15151	15480
技术优化	10580	10961	11208	11499	11802	12087	12344	12658	12980	13312	13652	13923	14231	14546	14869	15201
低碳情景	10580	10891	11102	11355	11617	11891	12107	12377	12653	12936	13225	13445	13698	13957	14221	14491

图 4-10 2015～2030 民航运输排放测算

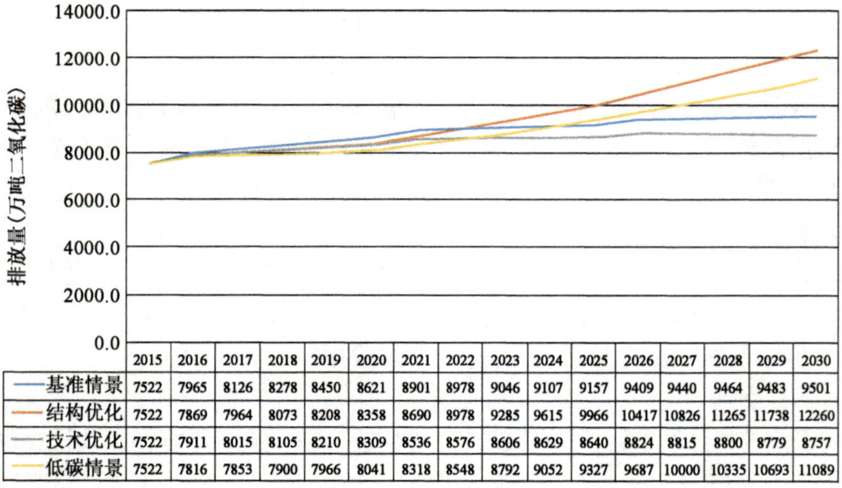

	2015	2016	2017	2018	2019	2020	2021	2022	2023	2024	2025	2026	2027	2028	2029	2030
基准情景	7522	7965	8126	8278	8450	8621	8901	8978	9046	9107	9157	9409	9440	9464	9483	9501
结构优化	7522	7869	7964	8073	8208	8358	8690	8978	9285	9615	9966	10417	10826	11265	11738	12260
技术优化	7522	7911	8015	8105	8210	8309	8536	8576	8606	8629	8640	8824	8815	8800	8779	8757
低碳情景	7522	7816	7853	7900	7966	8041	8318	8548	8792	9052	9327	9687	10000	10335	10693	11089

图 4-11 2015～2030 年公共交通排放测算

5 交通运输行业节能低碳发展空间分析

5.1 制度体系

5.1.1 体制机制完善空间

创新强化工作组织机构。鼓励支持省市交通运输主管部门成立绿色交通处，主管交通运输行业节能环保及应对气候变化工作，加强人员配备和工作经费。目前国内天津市交通运输委已经成立绿色交通处，并正式启动运行。

建立低碳交通发展评价和考核机制。切实推进考核落实，由省级交通运输主管部门实行对厅属局及省内地市交通运输行业节能低碳年度考核。实施评估考核结果公示制度。尝试将评估考核结果与规划审批、重点基础设施投资项目审批、报奖、出国培训、职务晋升等挂钩。表彰交通运输节能减排先进城市、先进集体、先进个人；先进企业和示范项目、示范技术与产品。

强化政府各部门低碳交通发展协调工作机制。在省市各级政府应对气候变化节能减排工作领导小组的指导下，发展改革、交通、经信、财政、规划等相关部门加强联系沟通，建立服务于低碳交通发展的跨部门协调机制。强化各有关部门相关顶层设计、制度设计、工作机制、资金安排、咨询和人才的协同与共享。

5.1.2 政策法规完善空间

修订完善法律法规。针对交通运输行业实际情况和特点，尽快建立起推动低碳交通发展亟须且事关全局的关键法律法规，解决低碳交通发展的原生动力和支撑能力问题，近期可采取培育、认定等手段，安排一批试点示范，强化政策引导。

稳妥应用行政命令政策手段。包括小汽车增量调控管理、小汽车限行管理、货车通行管理、新能源汽车优先政策（车牌、注册、通行、路权、停车等）、城市规划部门应强化停车位规划、保障停车位供给，向新能源汽车倾斜。

科学合理使用经济调控型政策措施。加强静态交通管理（停车管理），研究征收停车调节费，运用经济杠杆调控交通需求，研究路外停车场停车调节费征收方案。在 CBD 等停车资源稀缺区域，鼓励建立立体停车库，鼓励停车位共享。推广“机动车低排放区”。研究道路拥挤收费政策，制定针对交通拥堵特点的收费方案。鼓励多人合乘，促进合乘，减少小汽车使用量，限制或减少高排放车辆使用量。

推广自愿倡导型政策措施。鼓励“绿色出行”、自愿停驶和生态（绿色）驾驶。鼓励机动车参与“绿色出行”自愿停驶活动，推动常态化发展，实现交通执法与“绿色出行”联动管理。

5.1.3 战略规划完善空间

开展五年规划及规划中期评估。制定交通运输节能减排五年发展规划，并结合各省市交通运输节能减排五年发展规划的实施，做好规划实施中期评估，支撑五年规划目标完成。

强化规划执行落实相关工作。切实强化规划实施的组织领导，对规划目标任务进行分解，并定期开展规划执行情况检查与评估工作，切实落实各部门责任分工。建立规划落实工作的监督考核机制。各地区、各单位应结合自身实际制定相应的专项规划或实施方案，强化规划引领和指导作用。建立定期培训制度，提升节能减排管理水平。

谋划开展低碳交通中长期战略研究。围绕交通基础设施、运输装备、运输组织、能力建设等方面开展低碳发展中长期战略研究；结合互联网等技术发展变革情况，创新研究交通运输能源环境监测统计相关方法和制度。

5.1.4 标准体系完善空间

强化管理制度机制建设。加强低碳交通标准制修订全过程管理，加快完善低碳交通标准管理体系。着眼低碳交通发展，研究建立相互协调配合的标准化工作机制。建立低碳交通标准化管理部门与业务管理部门、行业协会、企业、科研院所等利益相关方的协调沟通机制。

制修订低碳交通重要标准。发挥标准化工作在低碳交通方面的技术基础支撑作用，组织开展低碳交通运输标准体系、碳减排指标标准等研究工作。加强能效能耗数据监测和统计分析，开展交通运输行业用能设备设施能效标准、能耗限额标准的研制及推广应用，强化能效标准和能耗限额标准实施后评估工作。积极推行能效标识制度，为推进交通运输营运装备能效领跑者制度提供技术支撑，提高交通运输低碳发展的水平。

5.2 能 力 建 设

5.2.1 数据基础提升空间

加快建立交通运输能耗统计监测系统。强化交通运输节能减排统计监测指标的调查分析和发布工作，建立健全与行业节能减排评价考核相适应的能耗统计监测体系，完善数据报送、考核机制，实现对行业能耗、行业排放、行业主要污染物等统计、监测、分析及考核。

推动建设低碳交通大数据中心。构建省级交通运输能源数据中心、传输网络及排放监测中心实验室，实现行业能源信息收集、处理、统计、报送等基本功能，完善省交通运输能源监管体系。

5.2.2 人才科研提升空间

积极支持重点方向科研能力建设。支持相关科研院所提升交通运输节能减排科研条件。加大科技研发力度，重点开展低碳交通基础设施和装备、区域性交通运输能耗统计监测和碳排放核算的专题研究。以重大科研课题为依托，以行业重点科研平台为基地，推进科研人才培养。

加强交通运输节能减排基础性研究。开展交通运输领域能耗排放统计核算方法、细则等研究，对交通建设开展绿色、低碳、循环实施效果评价，切实推动交通运输节能减排工作的能力建设。

加强国内外合作与交流。继续利用多双边渠道，加强与国际组织、国外企业和研究咨询机构等的交流合作，积极吸收借鉴国际先进经验。继续加强与节能减排、环境保护、资源管理等相关部门的合作，搭建低碳交通发展交流平台，促进先进技术推广和经验交流，协同推进交通运输节能减排。

5.2.3 技术服务升级空间

搭建低碳技术信息推广平台。充分发挥交通科研机构和行业学会协会等在行业节能减排规划、技术政策与标准规范的制定和实施，节能减排技术推广、能源消耗统计、宣传培训和信息咨询等方面的积极作用。

加快发展交通运输节能减排服务产业。积极培育交通运输节能减排技术服务市场。促进交通运输节能减排技术服务机构转换机制、创新模式和拓宽领域，组织开展节能减排技术交流推广、咨询服务、信息发布、宣传培训等活动，多渠道、多形式推广节能减排技术与产品。

5.3 低碳行为

5.3.1 低碳交通文化

普及低碳交通文化知识。低碳交通知识是人们形成低碳交通认知的基础，同时可以帮助人们形成低碳出行的行为方式。低碳交通知识是发展低碳交通的力量，可从加强低碳交通文化知识的宣传引导和教育培训，普及低碳出行的知识和理念等方面提升低碳交通行为空间。

营造低碳交通文化氛围。大力宣传交通绿色发展理念，倡导绿色低碳生活理念和行为方式，引导社会公众绿色低碳出行，积极培育绿色交通文化。切实加强绿色交通宣传引导和教育培训，广泛、深入、持久地开展形式多样的绿色交通宣传，增强行业从业人员特别是各级领导干部的节能减排意识。完善公众参与机制，倡导资源节约、环境友好、绿色低碳的交通运输消费方式，培育打造具有行业特色的绿色交通文化，营造良好的绿色发展氛围。

5.3.2 交通碳普惠制

推进“碳积分”的应用。加快推进交通领域个人碳排放方法学的制定和应用，将个人低碳交通行为的减碳量换算为碳积分，交易所碳积分数据库与当地公交公司数据库对接。居民通过公交、地铁等低碳交通方式出行可获得相应的积分，小轿车出行扣减相应的积分。这些“碳积分”可当作现金使用，通过奖励机制鼓励公众养成低碳出行习惯。

完善碳普惠制政策激励。制定合理的低碳交通碳普惠制“碳积分”的财政补贴方案，政府根据低碳出行“碳积分”的多少进行奖励，奖励资金来源于政府预算，中央和地方政府各承担一定比例，奖励可采用现金、市民交通卡、停车场使用券、车税减免、物业免除等多种形式；对购买低碳交通工具(如新能源汽车、自行车等)的客户赠送低碳交通专用“碳积分”。

推动碳普惠制公益激励。公益碳积分享受交通票价优惠。将民众的公益行为按照一定的标准量化为交通领域"碳积分",纳入碳交易普惠制体系中,享受公共交通票价减免等积分奖励、消费优惠。设立交通碳普惠基金。设立交通领域碳普惠公益基金,对交通领域减碳行为践行良好的企业和个人给予奖励。

打造全国性碳普惠平台。建立全国性碳普惠制联盟。对接碳普惠试点城市和重视低碳交通的城市,加大推广力度。

6 交通运输行业节能低碳资金需求估算

6.1 基于交通碳减排成本估算

6.1.1 交通碳减排成本

关于环境成本(碳减排)的概念界定,部分机构和学者进行了研究论述。美国环保局提出了私人环境成本与社会环境成本的概念,把环境成本分为传统成本、隐含成本、或有成本、形象关系成本和社会成本;联合国可持续发展局认为企业环境成本主要包括企业进行预防、处置、计划、控制污染与治理其危害等作业所发生的各种成本;日本环境省依照企业价值链将环境保护成本分为经营领域中的环境成本、上下游成本、行政管理成本、环境补救成本和其他环保成本。

碳排放权交易是一种以市场为基础的经济刺激手段,由于技术水平、能源结构和能源利用率等方面的差异而导致不同经济主体之间的碳减排成本不同,使得不同经济主体间形成碳排放权的价格差,从而形成最初的碳交易动机:出售方可以从交易中取得经济收益,而对减排承诺或者有减排限制的企业,如果自身碳减排成本较高则可以通过市场交易来降低成本,同时达到削减排放量的目的。具体来说,不同企业在减排承诺和减排成本上存在很大差异,这为不同企业之间进行碳排放的交易提供了现实可能。以发达国家和发展中国家为例,由于发达国家能源效率较高,新技术已经普遍被采用,并且已经经过一轮减排,排放基数已经较低,容易遭遇减排瓶颈,所以发达国家企业的碳减排成本往往高于发展中国家的同类企业。

在同一区域内不同企业的减排成本也不相同,部分企业可以利用减排成本优势进行碳排放权的出售,处于减排成本劣势的企业则可以通过碳排放权交易市场购买所需的排放权。目前国内关于交通运输行业的碳减排成本研究相对较少。

本章节采用交通运输部已公布的节能减排示范项目简化计算交通企业减排成本。由于上述示范项目在行业内具有一定的前瞻性、先进性和代表性,因此,从研究角度出发,可以在一定程度上认为是交通运输行业的碳减排成本。

将上述节能减排示范项目按照所属子行业类别分类给出,行业的规制成本由于难以确定而不予考虑,企业碳减排成本包括减排投入成本和节约能耗带来的成本节约,根据碳排放减排量核算其减排成本,具体见表 6-1。

需要说明的是,表 6-1 中减排成本为累计碳排放量与投资额比值,其中,碳排放量为间接值,根据各能源品种的节能量和国家发改委公布的二氧化碳排放系数相乘得到。此外,由于表中各示范项目中节能技术差异较大,且属不同交通运输子行业、样本数量偏少,因此表中相关数据难以真实全面反映交通运输行业的具体减排成本，仅作为研究参考使用。

交通企业减排成本一览表　　表 6-1

序号	所属类别	碳减排平均成本(元/吨二氧化碳)
1	公路运输	616.0
2	城市客运	386.9
3	营运船舶	1060.8
4	港口	1037.4

6.1.2　基于交通碳减排成本的资金需求估算

交通运输行业 CO_2 减排(元/吨二氧化碳)成本根据不同的措施手段差别巨大，特别是新能源汽车的推广应用、低碳交通运输方式基础设施建设等技术手段减碳成本较高。以公路运输为例，应用天然气车辆、应用纯电动车辆、应用油电混合动力汽车、建设 ETC 车辆、发展甩挂运输、使用驾驶培训模拟器 6 种技术手段的减碳成本(元/吨二氧化碳)分别为 1539、725、862、893、623、610。IPCC 评估报告中指出全社会减碳成本在 0～100 美元/吨二氧化碳之间。交通运输行业的减碳成本要高于全社会减碳成本。以 2030 年交通运输行业减少 4.8 亿吨二氧化碳估算，需要投入约 2900 亿元。

具体而言，十三五期间，如果到 2020 年交通运输行业强化低碳情景相比基准情景能够减少 7437 万吨标煤能源消耗和 17284 万吨二氧化碳排放，节能率达到 15%，减排率达到 16.5%。

其中，公路减排潜力 14983 万吨二氧化碳排放，水路减排潜力 1322 万吨二氧化碳排放，港口减排潜力 159 万吨二氧化碳排放，城市客运减排潜力 820 万吨二氧化碳排放。

依据公路运输减排成本(616 元/吨二氧化碳)、营运船舶(1060.8 元/吨二氧化碳)、港口(1037.4 元/吨二氧化碳)、城市客运(386.9 元/吨二氧化碳)。经计算：

公路运输减排资金需求量约 922.95 亿元，水路运输减排资金需求量约 140.24 亿元，港口减排资金需求量约 16.49 亿元，城市客运减排资金需求量约 31.73 亿元，累计减排资金需求量约 1111.41 亿元。

6.2　基于碳交易价格估算

6.2.1　碳交易价格模型

建立碳交易市场的核心目标就是碳定价，发现最优碳减排成本。碳排放配额价格在不同趋于碳排放交易市场之间存在显著差异，最高价与最低价相差 2～3 倍之多。如果想描述中国碳配额价格的总体水平，就有必要构造中国配额碳市场综合价格。构造综合指数的关键在于选择有代表性的碳配额市场价格，确定各个价格所占权重，并且要考虑各个市场交易量对市场代表性的影响。构建中国配额碳市场综合价格。其一，中国试点运行 7 个碳排放交易市场，分别代表了7个试点地区的配额价格,均可作为中国碳配额价格综合指数的样本。其二,各个试点配额价格对全国市场价格的影响程度不同,其关键决定因素则是试点配额总量。其三,各个市场交易量对代表性的影响。北京大学环境与能源学院低碳金融研究中心提出基于各试点签发的年度可流通配额总量对试点市场价格进行加权,在此基础上,用具体各个市场的交易量进行修正,计算得出一个表征中国碳排放交易试点总体价格走势的综合指数,即中国配额碳市场北大综合价格(ACP-PKU,Carbon Price PKU)。

2014年,上述六个试点中(除重庆以外),广东省配额总量(2013年)为3.88亿t,是当时世界第二大的碳排放交易市场;湖北省配额总量(2014年)为3.24亿t,为世界第三大的碳排放配额市场。此外,天津市试点配额总量(2013年)和上海试点接近,二者均约为1.6亿t配额,北京市试点配额总量(2013年)约为0.5亿t,深圳试点(2013年)约为0.33亿t,6个试点市场总计年配额约为11亿t。各试点地区配额数量在6家试点配额总量中所占的比例,即为各试点在计算北大碳配额价格综合指数中的权重。

(1)指数构成

中国碳配额价格综合指数反映由深圳、上海、北京、广州、天津、湖北、重庆七家区域碳市场价格共同构成的中国碳配额价格总体走势,各试点价格按照开市时间先后依次加入,权重为该试点配额数量在已运行试点配额总量中的占比。

(2)指数公式

$$\text{PriceIndex} = \left(\sum_{i}^{k} p_i \lambda_i Q_i\right) / \sum_{i}^{k} Q_i \tag{6-1}$$

式中:k——当天已经开市且具有成交的交易所总数;

p_i——第i家交易所当日市场均价;

λ_i——第i个市场流动性指标;

Q_i——第i家交易所所在试点配额数量。

(3)我国配额碳市场北大综合价格(ACP-PKU)走势

根据上述公式计算出的具体举例如下:

(1)2013年6月18日~11月26日,ACP-PKU由深圳试点价格决定,其中,9月15日之前,由于深圳市场价格稳步上升,价格指数也呈持续上涨趋势;9月下旬直至11月26日,价格指数在60~120元/t振荡。

(2)2013年11月,上海和北京碳排放交易试点相继启动,中国碳配额市场容量显著扩张。由于上海、北京配额总量较高,但成交均价较低,拉低了ACP-PKU,使之下降至20~40区间。

(3)12月份,广东和天津市试点启动,尤其是广东试点配额总量居国内首批七个试点之首,二者市场价格将在价格指数变动趋势中发挥重要作用。但由于成交量较小,广东和天津市试点的加入并未对ACP-PKU产生明显作用,这一时期指数整体比较平稳。

(4)进入2014年后,国内试点碳配额市场交易活跃度提高,综合价格呈缓慢上升趋势。

(5)4月2日,湖北省试点启动配额交易。该试点配额总量仅次于广东省试点,而且在短时间内创造了大量成交量,对价格走势产生了重要影响。另外,伴随着上海、深圳等试点履约期的逼近,市场交易活跃度和价格波动程度均呈现显著上升趋势,ACP-PKU在这一时期波动也较为剧烈。

(6)4月30日,ACP-PKU价格为34.21元,欧盟EUA收盘价为44.82元。

6.2.2 碳交易价格选取

选取试点启动以来，即2013年至2016年10月中国各试点碳交易市场价格，然后计算出中国碳配额综合价格。经计算，ACP-PKU价格为取值35.6元。

6.2.3 基于碳交易价格的资金需求估算

十三五期间，如果到2020年，交通运输行业强化低碳情景相比基准情景能够减少7437万吨标煤能源消耗和17284万吨二氧化碳排放，节能率达到15%，减排率达到16.5%。

基于ACP－PKU价格为取值35.6元，考虑到交通运输行业纳入7个碳交易试点体系相对有限，碳交易价格还无法反映出交通碳减排成本。依据上节交通企业成本的最低限值进行处理，按照10倍系数进行放大，设定交通碳减排成本为356元/吨二氧化碳排放，资金需求量约为625.31亿元。

6.3 基于交通运输节能低碳规划项目估算

交通运输部印发的《交通运输节能环保“十三五”发展规划》明确：大力推进交通运输节能降碳，重点强化基础设施生态保护，全面开展污染综合防治，提升污染应急处置能力，积极推广资源节约集约利用，建立健全绿色交通制度体系，切实加强统计监测和监督考核，有效发挥政府引导作用，充分发挥企业主体作用，加强公众绿色交通文化培育，加快建成绿色交通运输体系。其中涉及交通运输节能和碳排放控制内容如下。

6.3.1 交通运输节能低碳总体目标

交通运输行业能源和碳排放强度进一步下降。与2015年相比，营运客车单位运输周转量能耗和CO_2排放分别下降2.1%和2.6%，营运货车单位运输周转量能耗和CO_2排放分别下降6.8%和8%，营运船舶单位运输周转量能耗和CO_2排放分别下降6%和7%，城市客运单位客运量能耗和CO_2排放分别下降10%和12.5%，港口生产单位吞吐量综合能耗和CO_2排放均下降2%。新能源和清洁能源车辆占比在2015年基础上显著提高。

6.3.2 交通运输节能低碳主要任务

（1）继续推进交通运输结构调整。优化交通基础设施布局，充分发挥不同运输方式的比较优势和组合效率，推进现代综合交通运输体系建设。优先发展公共交通，鼓励发展城市慢行交通系统，促进城乡客运绿色发展。大力发展多式联运、甩挂运输和共同配送等高效运输组织模式，推动绿色货运发展。发展智能交通系统，鼓励利用“互联网＋”提升交通运输系统运行效率。

（2）提升交通运输装备能效水平。推进运输装备专业化、标准化和大型化。鼓励淘汰老旧高能耗车辆、船舶和作业机械，推广应用高效、节能、环保的车辆装备，加快推进内河船型标准化。实施道路运输车辆和营运船舶燃料消耗量限值准入制度。

（3）优化交通运输能源消费结构。加大新能源和清洁能源在城市公共交通和客货运输领域的应用。继续推进水运行业应用液化天然气,在港口装卸机械和运输装备中优先使用电能或天然气等作为动力。大力推动靠港船舶使用岸电,制定港口岸电布局建设方案,加快港口和船舶使用岸电设备设施建设。支持加气配套设施在交通运输领域的规划与建设。鼓励太阳能、风能等清洁能源及充换电配套设施在交通基础设施建设运营中的应用。

(4)深化节能降碳制度创新与技术应用。继续组织开展绿色交通示范创建。探索合同能源管理、碳交易、第三方治理等市场机制在行业内的应用,促进交通运输行业节能降碳。制订发布交通运输行业重点节能低碳技术和产品推广目录,优先支持重点节能低碳技术和产品的推广应用。推广应用运输装备节能驾驶、节能操作和绿色维修技术。

6.3.3 基于规划的节能低碳资金需求测算

在编制《交通运输节能环保"十三五"发展规划》过程中,根据"十三五"期交通运输节能环保主要任务,结合部事权划分改革,依据全部节能环保任务初步测算,补助资金需求为142.82亿元。其中涉及节能减排的原拟开展的重点工程和项目主要包括绿色低碳交通基础设施建设示范工程、推广应用清洁能源新能源项目、绿色低碳交通区域性示范项目、已批准绿色低碳交通区域性主题性项目、绿色交通运输体系能力建设项目等十项,资金需求为120.15亿元。具体测算如下:

(1)绿色低碳交通基础设施建设示范工程。为引导交通基础设施的绿色化,针对新建项目开展绿色交通基础设施建设示范工程,补助资金需求为19.5亿元。其中:

①绿色低碳公路示范工程:选择国家公路网新建项目开展绿色公路示范建设,根据情况设置项目60个左右,补助资金需求为12.0亿元。

②绿色低碳港口示范工程:选择有条件的沿海和内河主要港口开展绿色港口示范建设,根据情况设置项目10个左右,补助资金需求为4.0亿元。

③绿色低碳枢纽示范工程:选择有条件的国家公路运输枢纽开展绿色枢纽示范工程建设,根据情况设置项目10个左右,补助资金需求为2.0亿元。

④绿色低碳航道示范工程:选择有条件的内河高等级航道开展绿色航道示范工程建设,根据情况设置项目5个左右,补助资金需求为1.5亿元。

(2)推广应用清洁能源新能源项目。推进交通运输能源动力多元化、清洁化和低碳化,组织开展水运能效、绿色港口、清洁能源利用等试点示范,在公路、港口、物流园区等推广绿色交通能源方式。2016~2020年,每年安排以省为单位推广应用清洁能源新能源项目20个,按照每个项目支持2000万元,每年资金需求为40000万元,补助资金需求为20亿元。

(3)绿色低碳交通区域性示范项目。继续组织实施绿色交通"十百千"示范工程,不断拓展和深化绿色交通省份、城市等试点示范。扣除了"十二五"期已经安排的项目外,尚需安排6个绿色交通省项目(每个省含5个城市、2条公路、1个港口)、19个绿色交通城市。按照每个绿色交通省6亿元,绿色交通城市6000万元给予补助,补助资金需求为47.4亿元。

(4)已批准的绿色低碳交通区域性主题性项目结算。2012~2015年,中央财政支持的4个绿色交通省、27个绿色交通城市、11个绿色港口、20个绿色公路项目,已由财政部、交通运输部联合批复、进行公示,拨付了首期补助资金,将于"十三五"期间进行终期考核验收和资金清算。根据各项目实施方案测算,完成这些项目结算需要32.5亿元。

(5)绿色低碳交通运输体系能力建设项目。为实现到2020年基本建成绿色循环低碳交通运输法规制度体系、标准规范体系、能耗统计监测考核体系的目标,需要在2016~2020年,每年安排20个左右能力建设项目,按照每个项目支持75万元,每年需要资金支持1500万元,补助资金需求为0.75亿元。

通过基于交通碳减排成本匡算和基于碳交易价格测算,十三五期间,交通运输碳减排资金需求量为600亿~1100亿元区间,且只是公路运输、水路运输、港口、城市客运的碳减排资金需求量。若加上社会车辆、铁路、民航的节能减排资金需求,全交通的节能减排资金需求量将进一步增大。同时对照基于规划项目测算结果,可以得知财政资金更多发挥的是引导性作用。

目前在交通运输节能减排资金政策体系尚不健全、激励作用不足,财政性奖励资金有限,市场化手段和资金严重缺位,交通运输节能减排工作面临着较大的资金缺口。因此积极探索研究交通运输节能减排融资策略日益迫切与重要。

7 交通运输行业节能低碳资金来源方案

7.1 财 政 资 金

7.1.1 交通运输节能减排相关资金概述

(1)节能减排专项资金使用情况及成效

2011 年,财政部、交通运输部决定设立交通运输节能减排专项资金,用于支持交通运输节能减排工作。2014 年 11 月 6 日,财政部、交通运输部、商务部出台的《车辆购置税收入补助地方资金管理暂行办法》(财建〔2014〕654 号)提出:车购税资金将继续专项用于交通运输节能减排项目、公路甩挂运输试点项目等交通运输方面的支出。

其中,交通运输节能减排项目支出,是指按国务院规定用于加快推进绿色循环低碳交通运输发展,推广应用节能减排产品和技术,提升行业节能减排监管和服务能力,促进实现国家和行业确定的公路水路节能减排目标等发生的支出。

该项支出分配通过“以奖代补”方式,由交通运输部根据项目性质、节能减排投资额、年节能减排量以及产生的社会效益等综合测算确定奖励额度。节能减排量和节能减排投资额应经第三方机构审核。对节能减排量可以量化的项目,奖励资金原则上与节能减排量挂钩,根据年节能量按每吨标准煤不超过 600 元或根据年替代燃料量按被替代燃料每吨标准油不超过 2000 元给予奖励;对于节能减排量难以量化的项目,按节能减排投资额的一定比例核定奖励额度,奖励比例原则上不超过设备购置费或建筑安装费的 20%。

2011～2015 年,共计投入 32.5 亿元,支持了 976 个项目,包括 775 个一般性项目、4 个绿色交通省项目、27 个绿色交通城市项目、20 个绿色公路项目、11 个绿色港口项目、59 个绿色交通装备(天然气车船)项目、10 个营运(施工)船舶节能技术改造项目、70 个节能减排能力建设项目,取得了积极成效,引领了交通运输行业绿色发展,支撑了国家节能减排目标和“稳增长、促改革、调结构、惠民生”政策的落实。

节能减排项目的实施,取得了良好效果,主要体现在如下几个方面:

一是促进了行业发展转型升级。促进了运输结构、用能结构、运力结构优化。电能驱动港口 RTG 比例由 2010 年的 30% 上升为 2014 年的 90%。推广了新材料、新技术、新工艺研发应用。天然气车辆技术从 2011 年“油改气”探索已过渡到“整车生产”为主;信息技术在交通运输行业应用从“无纸化办公”过渡到“互联网 + 交通运输”的业态发展。提升了行业运行效率和管理效能。各地方交通运输主管部门特别是东部省份基本建立了交通信息化网络监控系统、运营调度管理系统、公众信息服务系统,使行业运行效率大大提升、能源消耗大幅下降。

二是带动了战略性新兴产业发展。促进了节能环保产业发展。支持的绿色交通省(城市)、绿色公路(港口)项目,带动了环保技术装备制造及产品的大面积应用。促进了新一代信息技术产业发展。广泛应用节能减排在线监测系统、智能监控系统、智能调度系统、公众出行服务系统、自动化码头建设等信息技术。促进了新能源产业发展。交通运输行业加快太阳能和风能利用技术推广应用,促进了新能源产业及智能电网及运行体系建设。促进了新能源汽车和高端装备制造产业发展。开展了插电式混合动力汽车推广应用,带动了国家新能源汽车产业和高端装备制造业发展。

三是取得了显著的节能减排效果。促进了公众绿色出行理念提升。绿色交通试点城市积极倡导公交优先、绿色出行,推广公交便利化项目和公共自行车项目。形成了节能减排长效机制,形成了绿色交通城市、公路、港口等一批试点示范,以点带面典型引领机制;形成了以重要制度和标准体系建立为保障的节能减排长效机制。产生了显著节能减排效益。在专项资金的引领作用下,2011～2015年交通运输行业节能3041万吨标准煤,减少二氧化碳排放6440万t。与2010年相比,营运车辆单位运输周转量能耗下降6.5%,营运船舶单位运输周转量能耗下降10.5%,港口综合单耗下降7.5%,有力地促进了《节能减排“十二五”规划》(国发〔2012〕40号)目标实现。

(2)公路甩挂运输专项资金

2014年11月6日,财政部、交通运输部、商务部出台的《车辆购置税收入补助地方资金管理暂行办法》(财建〔2014〕654号)提出:车购税资金将继续专项用于交通运输节能减排项目、公路甩挂运输试点项目等交通运输方面的支出。其中,公路甩挂运输试点项目支出,是指支持甩挂运输试点的运输企业和站场经营企业(以下简称试点企业)实施方案中甩挂作业站场建设或改造、甩挂运输车辆更新购置、甩挂运输管理信息系统建设或改造等支出。

该项支出分配采取项目法,通过“以奖代补”方式,根据项目的不同类别和实际情况,适用定额补助或比例补助。每个项目补助总额原则上不高于1000万元。

项目总投资额超过1亿元(含1亿元)的,采用定额补助。其中甩挂作业站场按照500万元/个的标准进行补助;管理信息系统按照50万元/套的标准进行补助;牵引车和挂车分别按照4万元/台和1.5万元/台的标准进行补助。

项目总投资额小于1亿元的,采用比例补助。甩挂作业站场建设或改造、牵引车购置更新、管理信息系统建设或改造按照投资总额的10%给予补助,挂车购置更新按照投资总额的20%给予补助。

7.1.2 交通运输节能减排专项资金改革趋势

(1)从政府在节能减排中的作用看,从节能减排具有公益性特点、利用市场机制需要政府提供足够的信息、环境,从国家的职能和我国减排面临的外部压力越来越大等方面来看,节能减排工作需要由政府利用财政性资金发挥引导推动作用。

(2)从交通运输节能减排的重要性长期性看,交通运输业作为全社会三大重点节能领域之一,其节能减排工作成效至关重要,需要政府部门利用公共财政手段予以重点支持,充分发挥财政资金“四两拨千斤”的引领拉动作用,使交通运输企业有动力、有能力开展节能减排工作,加快推进绿色循环低碳交通运输体系建设。

(3)从财建〔2014〕654 号文看,当前及今后一段时间交通运输节能减排专项资金将仅来源于车购税,中央预算内资金将不会给予支持。如果车购税专项资金改革在“十三五”后期开始,到 2020 年改革到位的话,将意味着中央层面建立的交通运输节能减排专项资金要存续下去的话,必须争取获得中央预算内资金的支持,从目前来看困难很大。

(4)从建立事权与支出责任相适应的制度看,从党的十八届三中全会关于建立事权与支出责任相适应的制度思路看,事权划分主要遵循外部性、信息复杂性和激励相容三原则。当前事权划分的重点是:

一是适度加强中央事权。将国防、外交、国家安全等关系全国政令统一、维护市场统一、促进区域协调、确保国家各领域安全的重大事件集中到中央,减少委托事务,以加强国家的统一管理,提高全国的公共服务能力和水平。海防、边境安全、界河管理等关系国家安全的支出责任应全部由中央政府承担。中央政府要集中一部分关系社会和谐稳定、公平正义,涉及全国市场统一标准的管理职能;集中一部分公共卫生和社会保障职能;集中一部分教育职能;一些扩区域重大项目的建设和维护职能也应集中到中央。

二是明确中央和地方共同事权。将具有地域管理信息优势但对其他地区影响较大的公共产品和服务,作为中央和地方共同事权,由中央和地方共同承担。

三是明确区域性公共服务为地方事权。将地域信息性强、外部性弱并主要与当地居民有关的事务留给地方,调动和发挥地方政府的积极性,更好地满足区域公共需要。

从国家财税体制改革方向看,在未来中央和地方事权与支出责任划分中,交通运输节能减排应属于“具有地域管理信息优势但对其他地区影响较大的公共产品和服务”的事权,应当划分为中央和地方共同事权。理由如下:

一是从外部性看,节能在使企业受益的同时也对社会发展有益,减排则可在更大范围内使社会受益,因此说交通运输节能减排具有较强的外部性和更加广泛的受益范围,中央部门应当承担一定的职责。

二是从信息处理复杂性看,地方政府对当地情况的了解远胜于中央,交通运输节能减排事权交由地方履行比中央政府履行更有效率。

三是从激励相容原则看,应发挥中央和地方政府各自的积极性,分别在划定的职责范围内承担支出责任,统筹合作,实现整体效益最大化。

(5)从正确处理好政府与市场的关系角度看。据前文分析,政府应当在交通运输节能减排中发挥引导推动作用,但财政性资金规模毕竟有限,无法满足交通运输节能减排工作开展的需要,迫切需要创新思路,发挥市场在资源配置中的主导作用。

综上分析,若未来车购税将由中央税变为地方税,并被取消专项性,中央政府要履行节能减排职责,必须从中央预算内资金中给予适当安排。同时,地方政府也要相应的职责,从一般预算资金中予以安排。此外,也应当充分发挥市场机制的作用,采取市场化手段解决交通运输节能减排资金不足问题,从政府和市场两个角度共同推动交通运输节能减排工作。“十三五”期,我国财政体制改革中,中央层面的交通运输绿色发展财政性资金大幅缩减,而且交通运输领域补助项目类型仅限于靠港船舶使用岸电项目。

7.2 绿色金融

7.2.1 绿色低碳交通基金

根据国家《“十三五”温室气体排放控制方案》和《“十三五”生态环保规划》的总体要求，积极落实《交通运输节能环保“十三五”发展规划》部署，结合国家财务体制改革的要求，依照《关于构建绿色金融体系的指导意见》的思路，建议探索设立中国绿色低碳交通发展基金（以下简称基金）。具体建议方案如下。

1）基金设立目的

发挥统筹引领作用。发挥基金引领作用，统筹相关政策、规划和标准，支持骨干企业突破一批关键技术，实现交通运输行业整体运作，推动绿色低碳交通产业健康发展。

破解投资融资瓶颈。基金旨在创新投融资方式，由中央财政资金引领，以市场化手段撬动社会资金投入，解决绿色低碳交通产业发展投资局限性的问题。

推动跨越实质发展。通过基金多元化投资，激发所投企业活力和创造力，带动产业链协同可持续发展，推动绿色交通产业跨越式发展。

2）基金定位

基金是贯彻国家战略与市场机制有机结合的创新实践。按照实现国家战略意图，充分考虑绿色低碳交通产业高投入、回收期长、公益性强等显著特点和发展实际，坚持以“公益引导为主，兼顾投资收益”为定位，推动绿色交通产业全产业链协同发展，促进保障建设绿色交通运输体系。产业基金投资重点关注：绿色低碳交通基础设施、智能高效运输组织、节能环保运输装备、绿色交通商业模式等领域。

3）基金设立原则

贯彻国家战略，聚焦重点产业。基金通过规定投向及其比例，重点支持绿色交通产业发展，促进交通运输行业节能减排和环境保护规模效应。

坚持市场运作，实施专业管理。基金的所有权、管理权、托管权三分离，其发起设立、投资管理、退出等按照市场化原则运作，并成立基金管理公司管理。

发挥财政引导，吸引社会资本。通过中央财政资金参股，发挥引导带动和杠杆效应，并通过 PPP 模式设立优先股等机制，吸引社会资金。

4）基金运作模式

基金由交通运输部牵头发起，财政部、交通运输部与社会出资人共同组建。基金采取契约制形式，国务院授权财政部履行国家出资人责任，由财政部委托交通运输部代为管理。

为吸引社会出资，经报国务院批准，基金可设一定比例优先股，优先股的权益通过基金章程明确。其他社会出资人作为基金普通社会投资人，享受先于中央财政出资的收益分配权，参与相应投资决策。

基金存续期为 15 年，投资期为 5 年。存续期满后，根据基金运行情况，经股东大会批准并履行必要程序，可持续 5 年。第一期基金运作成熟后，可根据产业发展需求和基金运行效果，研究是否设立第二期基金。

基金具体运营管理由基金管理公司负责,政府部门不直接参与基金管理公司管理。

5)基金治理结构

基金按照《产业投资基金管理暂行办法》设立,设股东会、董事会和监事会,同时结合产业基金战略定位设顾问(专家)委员会、投资审核委员会。

股东会由基金出资人组成,是基金最高权力机构。董事会代表股东会行使重大经营决策权,董事长为基金的法定代表人,由交通运输部提名推荐,董事由财政部、交通运输部及其他主要出资人推荐;监事会对董事会和管理人员进行监督,对股东会负责,监事长由财政部提名推荐,监事主要由优先股股东推荐。基金日常事务由董事会秘书处负责。

投资审核委员会由财政部、交通运输部、工信部、科技部、环境保护部及业内专家组成,决策采取票决制,主要审议基金年度投资计划(含重大及特殊投资事项),对不符合既定投资方针的投资计划行使否决权,但不干预产业基金具体投资运营。

顾问(专家)委员会专家组成由财政部、交通运输部、工信部、科技部、环境保护部推荐及向社会公开聘请相关领域权威专家,负责基金重点投资方向和领域的咨询。

基金名称备选方案:“中国交通运输绿色发展产业基金”或“中国交通运输节能环保基金”。

6)基金管理公司

基金管理公司由交通运输部牵头、主要社会出资人参与组建。基金管理公司负责基金募资和投资运营等事务,并对基金认缴议定出资份额,风险共担、利益共享。

管理费提取比例,可在预设上线的前提下,由基金董事会、监事会核定,并与投资收益、业绩考核指标等挂钩。

7)社会出资人选择

为达到国家战略意图和市场化机制统一,主要吸引的社会出资人包括:

一是金融机构:社保基金、保险公司、政策性银行及股份制商业银行、金融租赁公司等,拥有长期性资金,符合基金长期运营的需要。

二是大型企业集团:交通运输企业集团、国家电网、汽车企业集团、石化企业集团,节能环保产业集团,利于基金经营。

三是社会资金:境内外机构和个人。

8)基金规模及投向

第一期基金规模1000亿元,中央财政直接出资比例不低于10%,具体比例视产业基金募资情况确定。基金可采取多种形式投资交通运输节能环保企业,也可以参股地方政府或行业龙头企业设立的节能减排产业投资基金等。重点投资于:

(1)绿色低碳交通基础设施领域

①绿色低碳公路技术应用。包括公路的生态保护和修复;公路建设温拌沥青、耐久性路面结构、高性能混凝土等技术应用;废旧轮胎、旧路面材料、建筑垃圾、隧道弃渣、粉煤灰、煤矸石等材料的规模化再生利用;公路中太阳能、风能、地热能、天然气等清洁能源利用工程等;公路附属设施空气、噪声、固废等污染防治项目,桥面径流污水处理项目;节能照明、电子不停车收费系统、隧道通风智能控制系统、智能指示系统、供电设施综合节能系统等项目;公路沿线及附属设施景观风貌改造、观景台与休息区设置、服务设施景观文化功能升级等项目;公路沿线环

境监测系统。

②绿色低碳港口技术应用。包括港口码头的生态保护和修复;港口废气、废水、固废、噪声的污染综合治理工程等;码头煤尘收集、油气回收、污水循环利用工程等;港口太阳能、风能、地热能等清洁能源利用;靠港船舶使用岸电、节能照明;装卸运输机械应用天然气和电力动力、港口机械自动控制系统、大型电动机械势能回收、干散货码头应用带式输送机等低碳技术工艺应用;港口智能化运营管理系统;港口区域及周边环境监测系统。

③绿色低碳交通枢纽技术应用。包括客运枢纽、物流园区废气、废水、固废、噪声的污染综合治理工程;枢纽污水循环利用、节水器具推广等工程;客运枢纽、物流园区太阳能、风能、地热能等清洁能源利用工程等;节能照明、客运枢纽智能信息化运输管理系统、物流公共信息平台等技术应用;环境和能耗监测系统等。

④绿色低碳航道技术应用。包括疏浚土方资源综合利用,建筑垃圾、废旧轮胎等废旧材料在人工鱼礁、航道整治等工程建设中的应用;船舶污染物接收处理系统;航道太阳能、风能、地热能等清洁能源利用工程等;节能航标灯、智能船闸、节能与新能源施工设备、船舶免停靠报港信息服务系统、智能航道管理平台应用、环境和能效监测系统等。

(2)节能环保运输装备领域

①新能源和清洁能源汽车应用项目。包括公路客货运、城市客运运输车辆燃料清洁化项目,如改造和购置天然气班线客车、天然气货车、天然气公交车、天然气出租车、气(油)电混合公交车、气(油)电混合出租车、纯电动公交车、纯电动出租车等。

②液化天然气及新能源船舶应用项目。包括改造和购置以液化天然气及新能源为燃料的营运客货船舶、港作船舶、施工船舶等项目。

③清洁能源加注、充电配套设施建设项目。包括在高速公路服务区、客货运枢纽、航道规模化建设加气站、充电桩等设施,购置使用天然气移动加注装备等项目。

④城市公共交通及慢行交通装备。包括 BRT 公交系统、现代化有轨电车、公共自行车系统等。

(3)交通运输智能化信息化技术类

包括高速公路、港口信息化平台,公交智能调度信息系统平台,公众出行信息系统平台,物流公共信息平台,车联网技术应用等。

(4)交通运输节能环保统计监测类

①交通运输环境监测网建设项目。包括交通行业环境监测机构实验室建设和升级、环境监测信息平台(或环境数据中心)建设和完善、重点环境监测对象(如国家高速公路、普通国道、国家公路运输枢纽、沿海及内河主要港口、高等级航道等交通基础设施)在线监测站点建设、其他领域交通环境监测能力建设(如土壤、车辆、船舶监测)工程等。

②交通运输能耗与温室气体统计监测核算平台建设项目。包括交通运输能耗与温室气体统计监测核算体系与信息平台;重点交通运输企业建立能耗与温室气体统计监测核算信息管理系统;交通基础设施和重点运输装备的能耗监测与温室气体核算在线实时系统等建设工程;交通运输污染物与温室气体排放清单编制项目。

(5)绿色低碳交通商业机制创新类

①合同能源管理项目。包括交通运输企业通过新能源利用、节能改造工程实现以节省能

源费用支付节能成本的项目。

②碳排放权交易项目。包括拟参加国内碳交易试点的交通运输企业或项目,拟利用国家核证减排机制(CCER)参与国内碳交易的交通运输项目。

③第三方污染治理项目。包括拟通过社会资本投入、由专业化环境服务公司进行污染治理的交通运输项目。

实际投资过程中,产业基金根据产业发展和市场行情,研究确定各环节的投资比例(另行发布《绿色交通专项领域投资指南》)。产业基金运作成熟后,经产业基金股东会批准,还可适当投资其他业务,以提高基金整体收益。

9)退出机制

产业基金投资项目由基金管理公司参照市场通行做法退出,包括:通过资本市场上市、股权转让等。

10)社会效益和经济效益预测

在清洁能源与新能源交通基础设施方面,营运车辆电动化配套的充电桩优先投资于高速公路服务区、收费站、客运站场、公交站场,形成营运车辆运营线路全覆盖的充电桩服务体系,解决营运车辆电动化的充电保障难题,为建立营运车辆完全实现电动化及清洁能源化打下良好的基础。在经济效益上体现在两个方面:一是营运车辆运营成本的降低,二是充电桩通过市场化运营逐步达到收支平衡,最终形成一定的利润。

通过整合交通运输信息化的工作,形成高速公路管理的科学化、精细化、透明化,提高高速公路收费站的通行能力,减少车辆油耗和尾气排放。据测算,每年有望减少汽油消耗600 万 t,减少一氧化碳排放 20 万 t,二氧化碳排放 200 万 t。经济效益方面,一是车辆减少油料成本约40 亿元,二是高速公路管理成本降低约 50 亿元。

11)保障措施

按照《产业投资基金管理暂行办法》的规定,结合各类潜在社会出资人的特点及利益诉求,对不同的社会出资人采取差别保障措施:一是享有优先股的出资人,不参与产业基金管理和利润分配,但享有固定股息,产业基金清算时优先回本的权利。二是普通社会出资人,参与产业基金管理,享有先于中央财政的收益分配权,产业基金清算时与中央财政同权。

实现社会出资保障,中央财政承担有限责任,关键是增强产业基金的保障能力。具体采取以下措施:

一是合理设计基金的出资结构。尽可能增大普通出资人的出资份额(占基金比例 80% 左右);在产业基金投资期,产业基金每年安排一定资金统筹考虑优先股股息支付问题。

二是预设股权收购或回购机制。在投资前与地方政府约定股权收购,或由所投企业、地方基金进行回购。

三是建立做市商制度。投资交通运输节能减排产业投资基金,建立做市商制度,使投资者具有股权转让的基本条件。

四是交易所挂牌交易。若条件允许,未来可争取让产业基金份额在交易所挂牌交易,为投资者提供更多的流动性,增强产业投资基金的吸引力。

12)需请示国务院审批的配套政策

视产业基金实际募集情况,综合研究报经国务院批准后,对产业基金辅以如下配套政策:

基金设立优先股，保障部分社会出资人优先分红、优先回报、获取稳定收益等权益，以吸引更多社会出资。

参照《关于豁免国有创业投资机构和国有创业投资引导基金国有股转持义务有关的通知（财企〔2010〕278 号）》，产业基金所投企业上市时，豁免基金国有股社保转持义务，进一步保障产业基金社会出资人投资收益。

7.2.2 绿色债券

（1）绿色债券的基本情况

①定义。绿色债券是绿色项目进行融资的重要金融手段，自 2013 年绿色债券的发行在全球出现爆发性的增长之后，对于绿色债券的定义也展开了热烈的讨论。2015 年由国际资本市场协会（ICMA）联合 130 多家金融机构共同出台的《绿色债券原则》（Green Bond Principles，GBP）和由气候债券倡议组织（Climate Bonds Initiative，CBI）开发的气候债券标准（Climate Bond Standard，CBS）认为，绿色债券是指任何将所得资金专门用于资助符合规定条件的绿色项目或为这些项目进行再融资的债券工具。绿色项目是指可以促进环境可持续发展，并且通过发行主体、相关机构评估和选择的项目。主要包含可再生能源、高能效项目（包括建筑能效）、低碳交通、可持续的废物管理、可持续的土地使用（包括农业和森林）、可持续的水资源管理、适应气候变化，生物多样性保护这八大关键领域。

我国目前采用的绿色债券标准主要包括人民银行发布的《在银行间债券市场发布绿色金融债券的公告》、国家发展改革委发布的《绿色债券发行指引》和中国金融学会绿色金融专业委员会发布的《绿色债券支持项目目录》。

《绿色债券发行指引》指出了绿色债券主要用于支持节能减排技术改造、绿色城镇化、能源清洁高效利用、新能源开发利用、循环经济发展、水资源节约和非常规水资源开发利用、污染防治、生态农林业、节能环保产业、低碳产业、生态文明先行示范实验、低碳试点示范等绿色循环低碳发展项目，规定了资金的使用目的和主要途径。《绿色债券支持项目目录》与《绿色债券发行指引》在很多领域的分类是类似的，不同的是后者较前者延伸涵盖了低碳产业和生态文明两大类。

综上所述，绿色债券的定义和项目分类在国内和国际上基本一致，国内在参考国际通用分类标准的基础上对分类的细则有所完善。例如，在能效项目分类中，国内将煤炭和石油的高效清洁利用作为绿色项目进行扶持，而国际上并没有提到这一点。而且在清洁交通领域，我国标准注重新能源汽车以及燃油的升级，主要体现了我国交通部门目前关注的侧重方向。

②种类。绿色债券分为缴税和免税两种，有多种类型，包括一般企业债、项目收益债、可转债、非公开发行公司债、资产证券化产品等。目前在我国资本市场上的绿色债券有：

一是绿色金融债：金融机构法人依法发行的、募集资金用于支持绿色产业并按约定还本付息的有价证券，由中国人民银行（以下简称“央行”）核准发行和监管。

二是绿色企业债：募集资金主要用于支持节能减排技术改造、绿色城镇化、能源清洁高效利用、新能源开发利用、循环经济发展、水资源节约和非常规水资源开发利用、污染防治、生态农林业、节能环保产业、低碳产业、生态文明先行示范实验、低碳试点示范等绿色循环低碳发展项目的企业债券，由国家发展和改革委员会（以下简称“国家发改委”）核准发行和存续期监管。

三是绿色公司债：在交易所发行的，支持募集资金用于支持绿色产业的公司债券，由交易所或中国证券监督管理委员会（以下简称“证监会”）核准发行，由中国证监会监管。

四是非金融企业绿色债务融资工具：在银行间交易商协会注册，在全国银行间债券市场发行和流通的，支持募集资金用于绿色产业的债务融资工具。

五是绿色结构融资类工具：绿色信贷资产证券化、绿色项目收益权资产支持计划等。

（2）全球绿色债券发展情况

绿色债券自推出以来就广受好评，稳定增长。从 2013 年开始，国际市场绿色债券发行规模和发行数量都急剧增加，2015 年共发行 232 只，发行规模达 39.5 亿美元（图 7-1）。

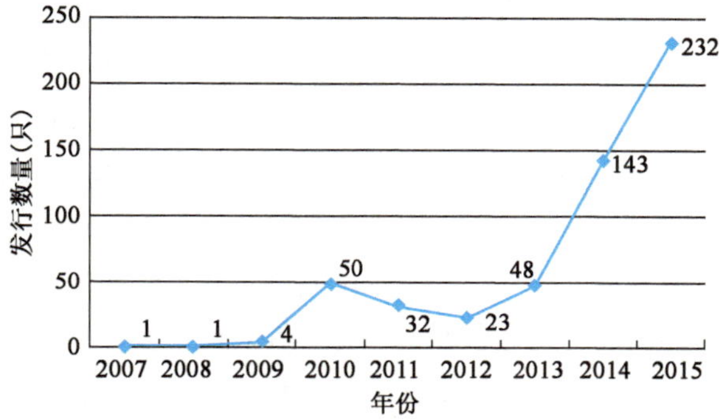

图 7-1　绿色债券年发行数量

发行人和投资者逐渐呈现多元化分布态势。一是国际机构参与度大，企业潜力不可忽视。国际上绿色债券发行主体一般上是以国际金融机构为主，如世界银行、国际金融公司（IFC）、欧洲投资银行等。随着市场发展，一部分大企业也逐渐展现出潜力。图 7-2 显示，截至 2015 年统计结果，企业发行总额占比已达 35%。

二是公共机构先入为主，私人投资者关注度提升。绿色债券的投资者以公共机构投资者为主，近两年私人机构投资者、零售投资者也逐渐介入。截至 2014 年底，私人机构投资者、零售投资者数量占比已超过 20%（图 7-3）。

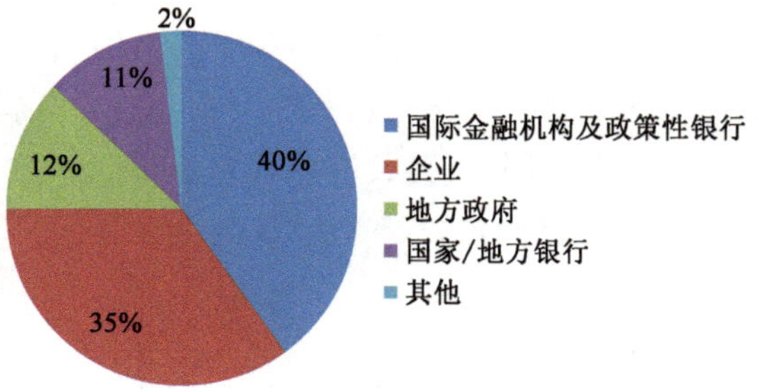

图 7-2　2015 年绿色债券发行主体分布（以发行额计算）

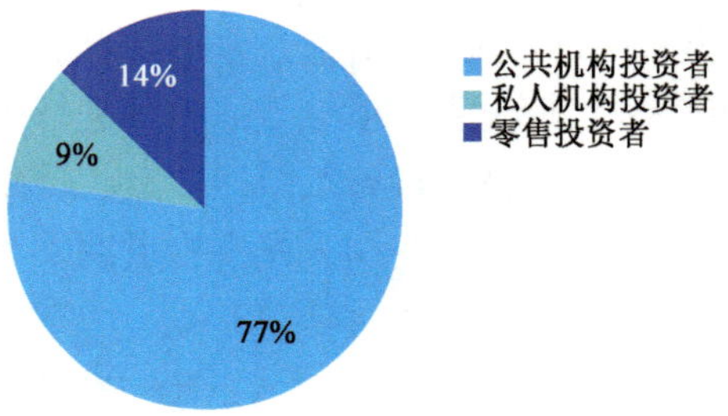

图 7-3　截至 2014 年底绿色债券投资者分布（以投资者数量计算）

期限、评级和发行货币亦呈现多元化分布趋势。一是短期为主，兼顾中期。结合绿色项目的投资领域基本集中在能源、环境、基础设施建设等方面，绿色债券期限以 1 ~ 5 年的短期为主,占比达60.00%;其次为6~10年的中期,占比为29.00%(图7-4)。

二是评级以AAA级为主,风险较小。绿色债券评级呈现出AAA级为主,风险较小的特点。一方面是由于绿色项目的确立和发展有一定的政府支持背景,另一反面由于投资期限集中在短期,发行绿色债券的公司及机构在环境改善和能源利用等方面的发展有较大优势,获得市场较大的认可(图7-5)。

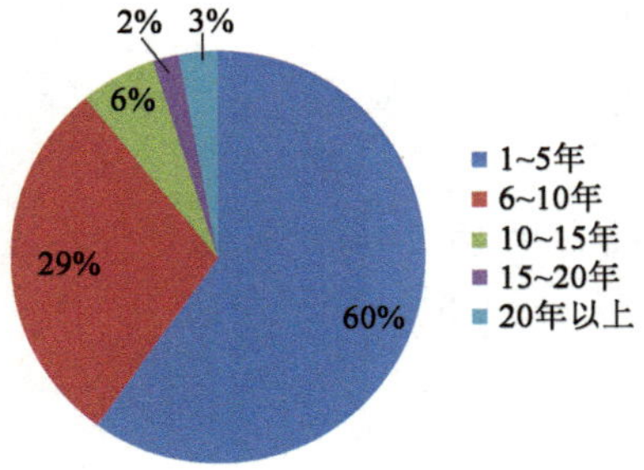

图7-4　截至2014年底已发行绿色债券期限分布

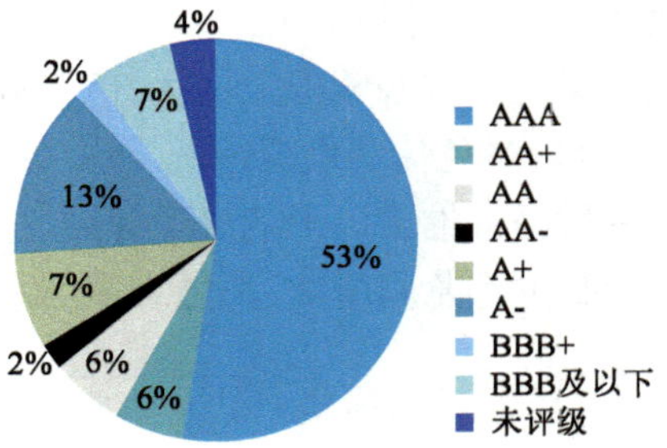

图7-5　截至2014年底已发行绿色债券信用评级分布

绿色债券成为新兴经济体经济增长的重点关注。在绿色债券经历了2013年的爆发式增长之后,很多新兴经济体开始启动绿色债券市场,包括印度、巴西、南非及中国。根据相关研究资料,印度的第一只企业绿色债券由印度商业银行Yes Bank于2015年2月发行。2014~2015年,巴西成立了绿色债券市场发展委员会,由巴西银行协会自律监管;食品生产商巴西食品公司于2015年6月发行了第一只巴西绿色债券。南非工业发展公司在2012年发行了绿色债券;2014年6月,约翰内斯堡发行首只新兴市场绿色市政债券。2015年7月16日,新疆金风科技股份有限公司在香港联交所发行了中国首只绿色债券。

(3)中国绿色债券的发展

2015年中国绿色债券发行的总规模是84亿元人民币,仅占全球绿色债券发行总量的3.6%。截至2016年11月,我国在境内和境外发行的绿色债券规模已达2200亿元人民币,占全球同期绿色债券发行量的42%,已经成为全球最大绿色债券市场。

根据新世纪评级的绿色债券发行实例报告的有关结果,2014年以后我国金融机构在绿色债券发行的参与度上有了显著的提升,发行额也逐渐扩大,由5亿到百亿水平不等。以兴业银行和浦发银行参与的百亿级绿色债券的发行项目为例,兴业银行成功发行了境内首单绿色金融债共计100亿元,并对绿色金融债券的技术标准、项目筛选和评估流程、资金使用安排和管理、储备项目情况和环境效益评估等进行了全流程的评估认证,确保信息真实、完整、准确。债券募集资金覆盖污染治理、节能改造、资源循环利用、环保设备制造、公共设施管理等节能环保领域,项目投向符合中国人民银行近期发布的《绿色债券支持项目目录》和银监会关于绿色信贷统计相关标准的要求(表7-1)。

近年来我国绿色债券发行情况统计　　表7-1

发　行　人	发行金额(亿元)	发行币种	发行日期	发行期限(年)
中广核风电	10	人民币	2014/5/12	5
IFC	5	人民币	2014/6/26	3
兴业国际信托	27.6	人民币	2014/9/18	1.82

续上表

发 行 人	发行金额(亿元)	发行币种	发行日期	发行期限(年)
兴业国际信托	3.35	人民币	2014/9/18	2.07
兴业国际信托	3.99	人民币	2014/9/18	2.57
金风新能源	3	美元	2015/7/24	3
农业银行	5	美元	2015/10/13	5
农业银行	4	美元	2015/10/13	3
农业银行	6	人民币	2015/10/20	2
保利协鑫	10	人民币	2015/10/28	5
北京神雾环境能源	5	人民币	2016/1/28	3
兴业银行	100	人民币	2016/2/1	3
浦发银行	200	人民币	2016/2/1	3
浙江汇盛投资	10	人民币	2016/3/15	8
青岛银行	35	人民币	2016/3/16	3
青岛银行	5	人民币	2016/3/16	5
浦发银行	150	人民币	2016/3/30	5
协和风电	2	人民币	2016/4/7	3
北京汽车	25	人民币	2016/4/22	7
浙江吉利控股	4	美元	2016/5/20	5
浙江嘉化能源	3	人民币	2016/5/23	5
新疆金风科技	10	人民币	2016/5/26	5
天顺风能	4	人民币	2016/6/22	5

浦发银行分两次发行绿色债券共计350亿元,所募集资金用途符合人民银行采用的绿色债券支持项目目录提供的绿色定义,以及气候债券标准的分类方案。债券募集资金将用于以下五类项目:能效、清洁交通、清洁能源(太阳能、风能、水电、地热能和海洋能)、污染防治(以污水处理为主)以及生态保护和适应气候变化。安永为该债券进行了发行前第二方评估。浦发银行承诺他们会安排独立的第三方对债券募集资金的使用和环境影响进行年度核查。绿色债券支持清洁交通领域具体情况见表7-2。

绿色债券支持的清洁交通领域 表7-2

细 分 领 域	界 定 条 件	国 家 标 准
铁路交通	铁路线路及场站、专用供电变电站等设施建设运营(含技术升级改造项目)	
城市轨道交通	城市地铁、轻轨等轨道交通设施建设运营	1.《国家发展改革委关于加强城市轨道交通规划建设管理的通知》; 2.《城市轨道交通规划编制和评审要点》
城乡公路运输公共客运	公共客运运营所需的公共汽车、电车等公共交通车辆购置;公共交通体系所需的站点、BRT线路以及其他相关配套设施的建设运营,以及线路养护。 BRT线路:快速公交系统,介于快速轨道交通与常规公交之间,一种大运量交通方式	1.《城市轨道交通工程项目建设标准》; 2.《公交首末站建设标准》

续上表

细分领域	界定条件	国家标准
水路交通	指在船舶购置时，淘汰老旧船舶，购置属于下列类型船舶： 1. 内河标准化船舶； 2. 全面满足国际新规范、新公约、新标准沿海和远洋运输船舶； 3. LNG 燃料动力内河船舶、海船、天然气动力客船、货船等	1.《老旧运输船舶管理规定》； 2.《内河运输船舶标准化管理规定》； 3.《国际造船新公约新规范新标准清单表》
	指在航道整治方面，内河高等级航道疏浚、整治工程项目	1.《内河通航标准》（GB 50139—2004）； 2.《全国内河高等级航道布局方案表》
清洁燃油	指符合下列两种情况中任意一种的项目： 1. 满足国Ⅴ汽油和国Ⅳ柴油生产工艺要求的高清洁性标准燃油生产装置/设施的建设运营项目； 2. 既有汽油、柴油生产装置清洁性标准提升技术改造项目（升级改造后满足国Ⅴ汽油、国Ⅳ柴油生产工艺要求）	1.《轻型汽车污染物排放限值及测量方法（中国第五阶段）》（GB 18352.5—2013）； 2.《乘用车燃料消耗量限值》； 3.《乘用车燃料消耗量评价方法及指标》。 对车用燃油产品： 1.《车用柴油》（GB 19147—2016）； 2.《车用汽油》（GB 17930—2016）； 3.《车用汽油清净剂》（GB/T 19592—2004）
	指生产下列条件的任意一种的车用燃油产品： 1. 符合国Ⅴ汽油标准的汽油产品； 2. 符合国Ⅳ柴油标准的柴油产品； 3. 抗爆剂、助燃剂等清洁燃油添加剂产品	
新能源汽车	指符合下列两种情况中任意一种的生产或建设运营： 1. 新能源汽车整车制造、电动机制造、储能装置制造以及其他零部件、配件制造； 2. 新能源汽车配套充电、供能等服务设施建设运营	对零部件生产及整车制造： 1.《燃气汽车专用装置的安装要求》（GB 19239—2013）； 2.《示范运行氢燃料电池电动汽车技术规范》（GB/T 29123—2012）； 3.《纯电动乘用车　技术条件》（GB/T 28382—2012）； 4.《新能源汽车国家标准目录》
新能源汽车	指符合下列两种情况中任意一种的生产或建设运营： 1. 新能源汽车整车制造、电动机制造、储能装置制造以及其他零部件、配件制造； 2. 新能源汽车配套充电、供能等服务设施建设运营	对配套设施： 1.《电动汽车传导充电系统　第 1 部分：一般要求》； 2.《电动汽车传导充电用连接装置　第 1 部分：通用要求》； 3.《电动汽车传导充电用连接装置　第 2 部分：交流充电接口》； 4.《电动汽车传导充电用连接装置　第 3 部分：直流充电接口》； 5.《电动汽车非车载传导式充电机与电池管理系统之间的通信协议》
交通领域互联网应用	指以移动通信终端、通信基站、卫星定位设备、互联网等设备或设施为依托，应用物联网感知、大数据等技术开发建设的实现信息全面沟通、共享互通和资源统筹管理，直接以物流和交通设施为服务对象，提升现有交通、物流等设施服务能力和运营效率的软硬件设施和系统。包括如下设施的建设运营： 物流信息服务平台、智能仓储系统、智能物流配送调配体系；交通运输（车、船）资源在线集成系统、交通运输管理、决策信息系统及智能化监管系统等	

7.2.3 绿色信贷

随着国内生态环境的不断恶化，各类环境问题频发，传统的“命令—控制型”环境治理手段在现实中逐渐显示出不足。在此背景下，学界、政府、社会达成共识，逐步引入各类经济手段促进环境保护、节能减排。在这个过程中，金融业环境社会责任及银行通过其信贷政策对经济活动进行引导的力量逐渐为人们所重视。绿色信贷，成为商业银行改革的重要内容，自 2007 年以来不断发展。而交通行业作为节能减排的重点行业，具有一定的特殊性与复杂性，绿色信贷如何有效支持其绿色低碳转型，仍值得进一步研究。

(1)绿色信贷及其在交通领域应用

①绿色信贷定义及国内现状。绿色信贷，最早源于联合国负责任投资原则以及国际银行业自愿参与的“赤道原则”，要求银行等投资者在投资过程中充分考虑环境风险、社会风险等。有学者认为所谓绿色信贷，指的是商业银行和政策性银行等金融机构依据国家的环境经济政策和产业政策，对环境友好型的企业或机构提供贷款扶持并实施优惠性的低利率，而对涉及环境污染的新建项目投资贷款和流动资金进行贷款额度限制并实施惩罚性高利率的一种政策手段。

经过近十年的发展，绿色信贷在近三年来迎来第一次快速发展。2014 年各大银行在银监会支持下，集体编写了《绿色信贷》教材，同时内部也开始规范绿色信贷统计口径。为了避免限制型贷款收缩中的银行历史业绩影响，本文选取鼓励性绿色信贷，即公开资料中的绿色贷款余额进行比较。就目前披露的数据来看，绿色信贷余额占各大银行贷款余额的比重在 5% 上下，其中招商银行和兴业银行绿色信贷业务比重占全部贷款比重的比例超过 10%。总体而言，绿色信贷已经成为银行贷款业务的重要组成部分。其中，又以兴业银行表现最为突出，连续两年保持绿色信贷的国内领先水平。通过对比兴业银行和其他银行绿色信贷数据，我们也可以看到绿色信贷在国内银行业务仍存在巨大发展潜力(表 7-3)。

2014 年 A 股上市全国性银行绿色信贷现状　　表 7-3

银行名称	银行性质	绿色信贷余额(亿元)	人民币贷款余额(亿元)	绿色信贷余额/人民币贷款余额
中国工商银行	大型	6552.81	105990.94	6.18%
中国银行	大型	3010.43	84832.75	3.55%
中国建设银行	大型	4870.77	94745.23	5.14%
中国农业银行	大型	4724.47	80980.67	5.83%
交通银行	大型	1524.31	34317.35	4.44%
中信银行	股份制	271.25	15249.66	1.78%
民生银行	股份制	—	18126.66	—
招商银行	股份制	1509.47	14675.85	10.29%
华夏银行	股份制	394.40	9399.89	4.20%
平安银行	股份制	267.62	10247.34	2.61%
光大银行	股份制	347.61	12994.55	2.68%
浦发银行	股份制	1563.74	20283.80	7.71%
兴业银行	股份制	2960.00	15931.48	18.58%

注：1. 所有数据来自 A 股上市银行 2014 年年报及企业社会责任报告。

2. 兴业银行数据包括绿色信贷及其他绿色金融融资，目前，只有兴业银行开展多种类型绿色融资。

②交通行业绿色信贷初具规模。交通行业作为国内经济的支柱行业，同时也是节能减排的重点行业，面临着巨大的融资压力。这部分压力，单纯依靠国家财政及基础设施投资已经远远不能满足。银行信贷成为扶持绿色交通的重要资金来源，绿色交通信贷余额已经初具规模。根据《农业银行2014社会责任报告》，以农业银行为例，2014年年末绿色信贷增长余额相较年初增长1420.26亿元，增长42.98%，其中，全行绿色信贷余额的46.47%是投向交通行业。

目前披露绿色信贷具体投向的上市银行仅有中国银行、中国农业银行、浦发银行三家，在2014年中，这三家银行投向绿色交通运输项目的贷款余额占全部绿色贷款余额的比例均接近或超过30%，且11个子项目中，绿色交通运输项目的贷款额稳居第一（表7-4）。

三家银行绿色贷款项目去向分析 表7-4

项目类型	金额（亿元）		
	中国银行	农业银行	浦发银行
绿色农业开发项目贷款余额	7.04	32.56	50.99
绿色林业开发项目贷款余额	3.89	54.93	35.96
工业节能节水环保项目贷款余额	137.92	308.66	331.93
自然保护、生态修复及灾害防控项目贷款余额	23.72	105.79	66.27
资源循环利用项目贷款余额	77.08	38.79	40.25
垃圾处理及污染防治项目贷款余额	131.81	92.44	99.85
可再生能源及清洁能源项目贷款余额	941.21	1856.26	127.27
农村及城市水项目贷款余额	55.58	32.62	100.85
建筑节能及绿色建筑贷款余额	29.55	4.97	150.00
绿色交通运输项目贷款余额	1393.85	2195.44	455.66
节能环保服务贷款余额	18.76	2.00	104.71
合计	2820.41❶	4724.46	1563.74
绿色交通贷款余额占比	49.42%	46.47%	29.14%

从这三家银行情况来看，绿色交通信贷发展迅猛。而在绿色信贷的投资方向上，可以看到，目前最受重视的是城市公共交通工具更新改造，以浦发银行为例，2014年绿色交通贷款中，仅城市公共交通项目就占比44.54%，主要是新能源公交汽车的购置。其次才是交通运输环保项目，诸如高速公路ETC、节能照明等。

③交通行业绿色信贷需求巨大。虽然就目前银行披露数据来看，绿色信贷及交通行业绿色信贷已经获得较大发展，但是从社会实际需求来看，交通行业绿色信贷仍有巨大发展需求。在现阶段，银行投放的交通行业绿色信贷主要着眼于城市公共交通项目、铁路、航运等大型运输项目的节能改造，这对于交通行业的整体绿色低碳化而言，仅仅是一小部分。交通行业和群众的出行息息相关，同时涵盖了道路建设，公共交通建设、私家车购置、维修等。这其中，除了大型基础设施建设及城市公共交通服务等少数领域可以得到国家财政拨款，申请国外基金，对大部分项目而言，绿色信贷仍是主要的融资选择。

❶此处数据与中国银行披露贷款余额总数略有差距，但在同一份文件中同时出现，可能是有无法归类的项目遗漏。

随着国家对绿色循环低碳交通的不断重视以及各项标准的不断提高，可以预见，未来在新型环保交通设备设施上的投资仍然会持续升温，并且绿色交通的转型也会从大型项目逐步向小型的、分散的项目，从国有部门向私人部门转移。在这个过程中，项目承担者的资金来源渠道逐步缩小，更新设备带来的资金压力逐步增加，对银行绿色信贷的需求会进一步高涨。

（2）绿色信贷应用交通行业现存问题

虽然整体而言，绿色信贷近几年发展顺利，交通业绿色信贷也初具规模，但是，国内绿色信贷在某些方面仍存在不足。同时，交通行业的特殊性与复杂性也对绿色信贷的扶持提出了更多的要求。

①国内绿色交通信贷项目种类单一。绿色信贷在国内主要以政府导向为主，政府扶持哪一类项目，银行就大量授信扶持该类企业。具有代表性的就是，近三年通过公开渠道及银行业自我披露的报告可以看到的绿色交通信贷大量集中于城市公共交通系统内的新能源车辆更新。但是交通行业自身复合程度较高，包括交通基础设施建设、交通运输装备工业、交通运营服务等。根据《车辆购置税收入补助地方资金支持交通运输节能减排项目节能减排量或投资额核算技术细则(2015)》，目前交通运输部支持的节能减排项目包括(但不限于)42个主要项目，其分类如图7-6所示。

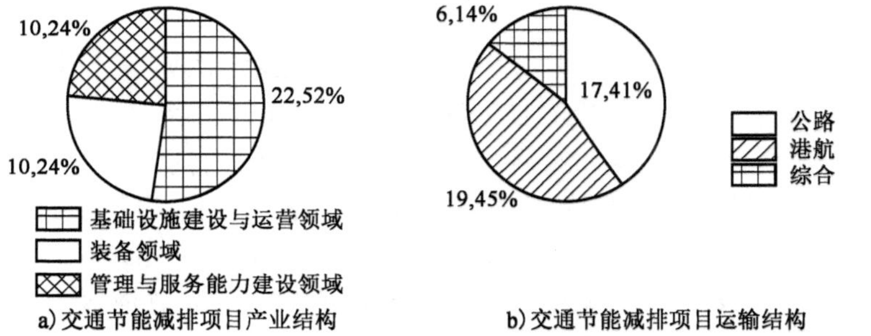

图7-6　节能减排项目分布

从图7-6我们可以看到，交通行业节能减排项目从产业结构上，以基础设施建设及运营领域项目数最大，占比达到52%，这部分与建筑业节能减排高度相关。其次是交通装备领域，占比为24%，包括天然气车辆应用、混合动力电动汽车应用等项目，直观认知的交通行业就是这一部分。其余的管理与服务能力建设则涵盖了智能交通系统、高速路口ETC通道等项目，占比也为24%。目前银行在发放绿色信贷时，以城市公共交通系统的新能源车辆更换为重点，从产业而言，仅涉及交通装备，从运输方式而言，仅涉及公路运输，信贷项目种类过于单一。

而国外在交通行业绿色信贷方面，已经有了一系列成熟的信贷产品与实施案例，包括运输贷款、汽车贷款、商业建筑贷款等。这些银行设计的绿色信贷产品虽然也未能全部涵盖交通行业，但相比国内，已经有了较大丰富，足以借鉴。

②小微企业，中小节能项目易受忽视。交通行业绿色循环低碳的参与主体不仅包括大型国有企业，也包括私人企业，个体经营户与家庭。其中，私人部门，以及中小企业承担了大量交通运输业务，未来也面临着巨大的节能改造压力，整体而言，这些小微个体对银行贷款需求更高，但在现实中，他们更难获取银行贷款。

以廊坊市绿色交通项目实施主体为例，总计35个单位承担节能减排任务，没有一家上市公司,其中20家是私营企业,注册资本超过100万的仅两家。相对于上市公司可以借助发行股票,发行债券获取融资,国有企业、事业单位享受财政拨款,小微企业只有银行贷款和民间借贷可以作为融资手段,但后者风险大,而银行贷款由于风险控制等原因,相较小微企业,中小型节能项目,银行更偏好资产优良、信用良好的国企、上市企业等,小微企业获得绿色信贷扶持的前景不容乐观。

但离散性较高,单个项目规模小等又是交通行业的固有特征。这主要是由于除交通运输枢纽及基础设施建设以外,如车辆、船舶等交通运输设备所有权分散,难以集中节能减排,而道路路灯、停车收费设施等,单个设施微不足道,但是其总量相加,不管是现存的能源消耗量还是潜在的节能减排量都颇为可观。现阶段,交通行业项目零散的现状与银行授信对大型企业的偏好出现一定程度的不相匹配,如何化解这对矛盾,也是绿色交通信贷进一步发展面临的重大问题。

③银行绿色信贷内部激励欠缺。目前银行实施绿色信贷仍缺乏相关配套的鼓励和惩罚的长效机制,银行并未将环境作为风险管理的重要考量因素。而从实证角度分析,我国商业银行进行环境风险管理的三大压力,政府规制压力是主导因素,其次是市场压力,最后才是来自公众和非政府组织机构的压力。这导致我国银行的绿色信贷往往以政府政策为导向,欠缺内部激励。

然而在国外,银行环境风险更多是被内部化为经济风险。例如,美国超级基金法规定,由于企业经营造成的土地污染,如果贷款方在明知其风险的情况下继续贷款,则需要承担连带责任。同时,由于企业发生环境污染事故后,面临巨额的环境赔偿,这也将极大地削弱企业的清偿贷款能力,因此,银行从风险控制角度,更青睐绿色信贷。此外,国外银行积极挂钩碳排放交易、合同能源管理融资等,通过环境交易所实现环境收益的套现,这部分盈利弥补了银行发放优惠贷款的损失,进一步鼓励银行采用绿色信贷标准审核项目,发放贷款。

从金融风险管理的角度看,各个金融部门要把环境风险作为一种重要的金融风险纳入日常的风险管理工作当中,有利于防范和化解与环境有关的金融风险,维护国家的经济安全。此外,通过金融创新实现绿色信贷的自主盈利,这两者结合,才是推动绿色信贷的有效激励。

(3)交通领域推广绿色信贷的建议

一是进一步明确交通节能减排重点项目。目前《绿色信贷指引》,各银行内部的绿色信贷项目名录等,仍然是以金融行业为主设立的,其扶持的节能减排项目主要都集中在工业制造业,而对于以服务业为主的交通运输领域,建筑业为主的交通基础设施领域都欠缺有效指导。交通主管部门在推行新能源汽车,推行道路绿色养护等领域都积累了大量第一手资料,而类似《车辆购置税收入补助地方资金支持交通运输节能减排项目节能减排量或投资额核算技术细则》等绿色交通具体实施规范,实际上可以成为银行审核交通企业项目绿色环保与否的标准。如何针对性的扶持绿色交通项目,需要交通行业的专家与银行共同明确。

二是扶持第三方节能减排服务公司。交通部门节能减排不仅只是大型基建项目,大型交通运输企业的责任,目前除了铁路运输、航空运输以外,大部分道路货运,长途客运都已由私营企业、个体户承担,其余的配套服务更是由私人企业主导。这部分运输产业所依托的交通工具低碳节能改造,面临的最大问题就是产权分散,单个项目减排效益低下。

事实上,对于单个项目减排量小,减排成本高,信贷扶持落实困难等问题,在过去的CDM

实践中已经有了解决方案，尤其是针对交通节能减排，通过 P-CDM 模式，将具有同质性的零散小项目整合打包为一个整体，由一个统一的项目承担方具体运营。目前国内的第三方环保服务公司就在积极开展这部分运作。虽然目前合同能源管理企业的服务内容仅包括对银河 soho 为代表的大型商业建筑节能改造，发电厂节能为代表的工业锅炉改造等，但也具有整合不同业主同类化项目的节能减排改造可行性。由专业公司作为中介，不仅可以聚沙成塔，减轻银行贷款成本，也可以转移贷款风险，方便银行监督管理。

三是创新金融产品与节能减排联系。为鼓励银行进行绿色信贷，除了政策指引，银行内部规范风险控制要求等手段之外，还可以强化产品创新以推动其绿色信贷的发展，如推出大宗商品衍生品和专门与生态、环境相关的结构性产品，创新可再生资源和碳交易的企业经纪业务，加强社会责任投资和可再生能源私募基金。

例如，中广核集团和浦发银行合作发行债券，将债券利率与中广核下属五家风力发电厂减排产生的核证减排量挂钩，以碳资产与金融产品挂钩，降低融资成本。还有农业银行和节能服务公司签订贷款合同，以部分节能减排收益权为抵押，缓解用能单位还款压力，降低银行贷款风险。招商银行青岛分行也曾推出排污权抵押贷款、节能收益抵押贷款、绿色设备买方信贷、绿色融资租赁、清洁发展机制（CDM）融资等专门信贷产品。

此外，还有其他创新渠道，如世界银行通过国际金融公司，中国财政部与地方银行合作方共同推出 CHUEE 项目，针对符合条件的节能减排项目，由国际金融公司（IFC）提供担保资金，通过《损失分担协议》承担一定损失分担责任，发放短期或中长期贷款。

综合利用多种金融产品，充分挂钩企业碳资产，节能减排收益，发挥其他绿色基金杠杆作用，以达到四两拨千斤的效益。

四是建立专项的绿色银行。2012 年，英国正式成立绿色投资银行，将投资活动限制在“绿色项目”，即那些符合英国政府的环境保护和可持续发展目标的项目。英国政府提出的 5 个绿色目标包括：减少温室气体排放；提高自然资源的使用效率；保护或美化自然环境；保护或加强生物多样性；促进环境可持续发展。并以盈利为目标实现独立运作。

这一投资银行的建立，将承担起额外的、专门的、针对绿色项目的投融资功能。中国目前面临着巨大的减排压力，环境保护的复杂性与专业性需要大量的人力、物力、财力支持，或许未来绿色信贷会成为银行信贷的规范标准，但现阶段由于国内经济结构，行业发展水平以及商业银行业务重心等限制，专项的绿色银行仍有其存在合理性。其中由于交通行业的特殊性，可以考虑通过现有的财政资金来源，如国家节能减排专项资金等，划拨一部分进行市场化运作，专门为绿色交通服务。

（4）小结

绿色信贷这一概念在我国提出了近十年，但在最近三年，尤其是 2014 年，随着各项标准的制定与规范，得到了迅速发展。但一方面，目前的绿色信贷本身在产品种类，核定标准等方面存在一些不足；另一方面，交通行业涵盖多个子行业，具有高度分散、积沙成塔等特点，绿色信贷要应用于交通行业的节能减排，仍有许多需要改进的地方。未来银行业和交通部门需要进一步加强合作，针对交通行业的具体特征，设计绿色信贷产品，才能顺利推动我国节能减排事业的整体发展，实现共赢。

7.3 能效管理

(1)合同能源管理项目开展实施情况

为开展合同能源管理在交通运输行业应用的相关研究,本书编写组先后完成国家发展和改革委员会资环司、江苏省交通运输厅、四川省交通运输厅等行业主管部门和地方交通运输行业主管部门的调研,完成湖北省交通运输厅、宁波市交通运输委员会、青岛港(集团)有限公司、营口港务集团有限公司和广州地铁集团等已实施合同能源管理项目的交通运输企业以及为交通运输企业服务的第三方节能服务公司的调研。

同时,编写组通过地方交通运输主管部门向重点交通运输企业发放了调查问卷,共计回收有效问卷27份。通过问卷调查,调研组对企业基本情况、对合同能源管理的认识、现阶段开展合同能源管理的意愿、已实施合同能源管理项目的基本情况等进行了摸底。合同能源管理项目在交通运输行业开展较为滞后,相较于工业、建筑领域数量少、规模小。调研结果显示:

一是交通运输企业实施合同能源管理项目的数量较少。在返回问卷的企业中,仅有4家企业开展了合同能源管理项目,大部分企业开展合同能源管理是为了转嫁节能灯具的技术风险,如图7-7所示,而在未开展合同能源管理项目的23家企业中,有近一半的企业是因为不够了解合同能源管理,尚未开展相关项目。

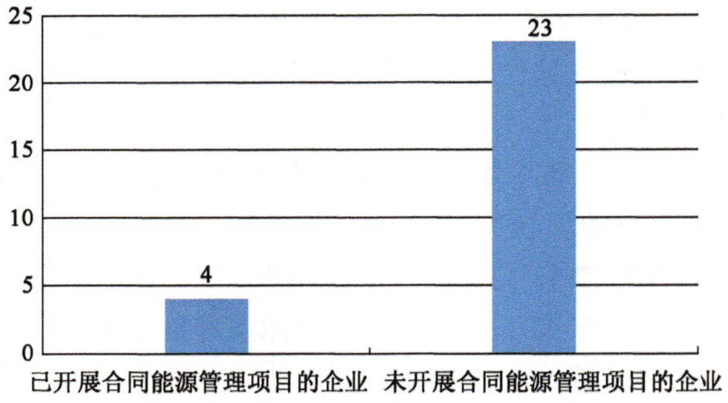

图7-7　企业开展合同能源管理项目情况

二是交通运输领域合同能源管理项目种类单一。交通运输领域合同能源管理项目类型主要集中在固定源和运输场站,且主要针对运输场站以及高速公路隧道的节能灯具改造(包括路灯、广告灯箱等)。调研组深入调研的7个合同能源管理项目成功案例,均为节能灯具改造项目,其中港口节能照明项目2项,高速公路节能照明项目4项,地铁广告灯箱节能照明改造1项。

三是交通运输领域合同能源管理项目地域分布不均。节能服务公司数量呈现出地域分布不均匀的特点,东部、中部节能服务公司数量比例较大,西部比例最小。交通运输领域合同能源管理项目地域分布呈现相似特点,即分布不均,多在东部发达省份。以此次调研的合同能源管理项目为例,7个项目分布省份分别为辽宁省、山东省、湖北省、浙江省、江苏省、广东省,均为东中部省份。初步分析有两个原因:一是我国目前交通发展程度东中部大于西部区域,因而东中部交通运输行业节能项目的应用较为广泛;二是由于东中部地区经济相对发达,对市场机制的探索应用较广，节能服务市场也较为活跃。

四是交通运输领域专业节能服务公司较少。合同能源管理的顺利实施离不开专业的节能服务公司，尤其对于交通运输行业而言，保障运营的安全畅通为首要任务，因此对于交通运输行业的节能改造项目离不开专业的节能服务公司，在保障运营安全、效率的前提下，有效实现节能。在调研过程中发现，专业从事交通运输行业节能技术改造的节能服务公司较少，在发改委备案的仅苏交科集团股份有限公司下属的江苏交科能源科技发展有限公司一家。

行业主管部门推进情况。地方交通运输主管部门对交通运输领域应用合同能源管理的认识有几个方面：一是认为目前合同能源管理的政策导向不够明朗，希望有上级主管部门发布的指导性意见；二是对合同能源管理的认识不够深入，无法识别适宜开展合同能源管理的领域及技术，以便指导企业开展合同能源管理项目。

与此同时，通过调研发现，一些地方交通运输部门对于合同能源管理的应用也开展了一系列的尝试。主要包括：

一是湖北省制定政策明确合同能源管理项目开展方向。湖北省发展改革委、财政厅、交通运输厅在2015年初相继印发了《省发展改革委关于在我省高速公路采用合同能源管理模式进行隧道照明节能改造的复函》《省财政厅关于高速公路采取合同能源管理模式实施隧道照明节能改造的意见》(鄂财建字〔2014〕4044号)和《关于采用合同能源管理模式进行隧道照明节能改造有关问题》的意见(鄂交运〔2015〕67号)文件，同意各高速公路管理处采用合同能源管理模式开展隧道LED节能改造，并建议在鄂西、汉十、黄黄高速等单位中选择部分项目先行先试。根据省高管局的统一安排与部署，沪渝高速公路鄂西段作为首个试点项目采用合同能源管理模式进行隧道LED照明节能改造。

文件中还明确了节能服务公司、合同能源管理模式的选择以及相关技术指标的确定。

二是浙江省寻求合作以保障节能服务技术先进性。为充分吸纳专业力量支持和指导交通运输行业节能减排工作，浙江省选择与国网节能服务有限公司等专业的节能技术服务机构洽谈交通运输各领域可采用的节能技术以及节能服务模式，探讨采用合同能源管理(EMC)和政府与社会资本合作(PPP)等商业模式，深化合作领域、完善合作方式。

(2)交通运输行业推行合同能源管理存在的问题

一是交通运输行业缺少推广合同能源管理的顶层设计。由于合同能源管理工作推行缺少顶层设计，产生以下两方面的问题：一方面是从行业管理的角度，缺少系统的合同能源管理工作推行的路线图，无法确定合同能源管理在交通运输行业应用的重点领域、推进时序、可采用合同能源管理方式的技术清单以及一系列相关的政策、制度、规范和保障措施，体制机制有待完善；另一方面是从企业实施项目的角度，行业内已经开展的合同能源管理项目几乎都是企业自发行为，在项目推行过程中涉及合同能源管理项目模式选择与合同签订、节能服务公司费用的财务会计处理、节能服务公司的选择与评价、节能效益收益的分享形式、改造项目对运营的影响、期满后改造设备处置等问题缺乏相关政策指导，导致项目推进困难重重。

二是交通运输行业对合同能源管理的认识水平有待提高。根据调研的情况显示，整个交通运输行业，从行业主管部门到交通运输企业，对合同能源管理的认识水平都非常有限，大多数停留在概念层面或者初步阶段，有的甚至完全不知道合同能源管理，造成了推广合同能源管理的主观障碍，影响了合同能源管理项目在交通运输行业的落地实施。对于知道合同能源管理的用能企业,由于对于节能技术产品认识不足,节能改造大多集中在照明、空调、电机等成熟技术改造上,对于分布式能源、光伏电站、光热利用、岸电、热泵等技术有待进一步开发利用。

三是交通运输行业合同能源管理项目供需信息不匹配。"十二五"期间,在中央财政资金的引导下,交通运输行业内各子领域内的企业都十分活跃,五年间根据绿色交通试点的相关安排,投入大量企业自有资金,开展了一大批节能改造项目。这些项目在实施的过程中,交通运输企业自己承担了很大的资金压力和技术风险,却不清楚可以由第三方来承担。与此同时,上千家的节能服务公司以资金和技术服务的方式为工业、建筑和公共机构的企事业单位进行了大量节能改造工作,却不知道交通运输行业有着大量的节能改造需求。

四是交通运输行业能耗统计监测等能源管理能力薄弱。由于多数交通运输企业计量条件不到位,节能服务公司在实施节能改造项目前,需先实施计量器具升级改造工程,该工程的资金投入也会延长项目整体的投资回收期。目前交通运输工具能源计量器具智能化升级工程、交通运输工具在线能耗监测数据校核、交通运输节能在线监测服务平台等工程尚未完成,能耗领域和品种全覆盖的交通运输能耗统计制度尚未建立,使得交通运输业的能耗尚未实现分类、分项、分户计量,影响了能源消费统计结果的真实性和可靠性。

五是交通运输行业节能服务市场培育不足。交通运输行业节能服务市场培育包括节能服务公司和第三方节能量审核机构的培育。由于政策、认知、信息和统计监测等多方面的问题,导致节能服务公司开展的交通运输行业合同能源管理项目偏少,在交通运输合同能源管理方面项目经验不足、专业深度不够、综合实力不强。同时,针对交通运输合同能源管理项目的第三方节能量审核机构的数量和综合实力也有待提高。

(3)交通运输行业推行合同能源管理建议

完善交通运输行业开展合同能源管理的政策条件,发布交通运输行业应用合同能源管理相关标准规范,组织开展交通运输行业应用合同能源管理的相关培训,引导交通运输用能企业采用合同能源管理模式进行节能改造。

从领域来看,可率先引导港口和城市交通领域的交通用能企业开展合同能源管理的应用,其次引导公路交通领域的交通用能企业开展应用。从节能改造技术来看,可引导交通用能企业按照节能照明技术、建筑节能相关技术、清洁能源利用技术、其他车辆节能技术和太阳能光伏、岸电技术的顺序循序渐进的开展合同能源管理的应用。

7.4 碳交易机制

碳交易指温室气体排放权的交易,是为应对气候变化而创建的一种交易体系。碳排放权的交易以 1 吨二氧化碳作为计算单位,该市场被称为碳交易市场。据世界银行(2014)数据显示,39 个国家和 23 个地区采用或计划采用碳定价工具,全世界碳排放交易总值约为 300 亿美元。2013 年 6 月起,中国深圳、上海、北京、广东、天津、湖北、重庆先后启动的区域碳交易市场,按照国家应对气候变化工作的总体部署,我国将在区域性碳交易试点工作的基础上,加快建立全国性碳交易市场。截至 2015 年末,我国 7 个试点省市累计配额成交量达 5000 万吨二氧化碳,成交额超过 14 亿元。

7.4.1 配额碳市场

(1)中国交通运输碳交易实践

交通运输行业是全社会三大碳排放行业之一,随着社会经济发展,交通运输行业将持续增长,积极应用碳交易等市场机制控制行业碳排放至关重要。目前,上海、深圳、北京等城市正在积极推动交通运输领域纳入碳交易试点工作中,上海率先将航空和港口纳入碳交易体系、深圳创新碳交易机制推广新能源汽车应用、北京碳交易体系先后纳入交通固定和移动源、交通运输类自愿核证减排项目开发日益增多。

应用碳交易机制管控交通运输行业碳排放仍然处于起步阶段,仍然存在争议和面临难题。国际上,欧盟航空碳交易、美国加州交通燃料供应商碳交易也是在逐步探索,寻求科学合理的方式。中国通过碳交易试点探索交通运输领域碳交易:上海试点国内航空、港口碳交易,积极研究管控航空、港口碳排放问题;深圳探索交通移动源碳交易,创新机制推进新能源汽车应用;北京先后纳入交通固定和移动源,逐步管控交通运输企业,各城市交通运输碳交易特点显著,对我国及全球都具有重要的参考借鉴的作用(表7-5)。同时中国积极实践交通类自愿核证减排项目,包括快速公交系统、新能源与清洁能源汽车、地铁轨道交通等,为低碳交通发展提供了一个获得减排收益的渠道。交通运输领域配额碳交易和项目碳交易共同构建交通运输碳交易市场,逐步形成交通碳减排的激励机制。

中国碳交易试点纳入交通运输行业情况总览与特点 表7-5

试点城市	上海	深圳	北京
政策法律	明确交通主管部门职责	明确交通主管部门职责	没有明确交通主管部门职责
管控范围对象	机场、港口、航空公司	公交出租企业	交通企业固定和移动源
配额分配原则	行业基准线法分配,充分考虑历史减排贡献	存量配额和增量配额,考虑促进新能源汽车推广	固定设施:包括既有设施配额、新增设施配额、配额调整量。移动设施:基于历史强度排放配额
核算方法	发布航空和运输站点核算指南	发布公交出租核算标准方法	发布交通运输企业核算方法
抵消机制	限制相对较小	优先使用清洁交通CCER项目	抵消机制项目类型开放
特点	率先纳入民航港口领域	创新机制推广新能源汽车	先后纳入交通固定和移动源

(2)交通运输领域碳交易问题

一是交通运输碳交易缺乏系统研究和顶层设计。交通运输行业具有点多、线长、面广、移动性强、与个人和组织联系密切的特点,车、船、路、港等导致交通运输行业的碳排放具有排放边界不固定、排放源多而杂、减排成本高等特征。目前围绕交通运输碳交易体系的管控范围、核算方法、配额分配、抵消机制、核查机构等关键环节的研究相对有限,缺乏充分考虑和体现交通运输行业特点的交通运输碳交易顶层设计方案。

二是交通运输碳交易配额分配技术方法支撑不足。初始配额分配对交通运输行业碳交易的影响至关重大，如上海市交通运输行业的配额分配按照基准线和业务量进行确定，配额总额没有绝对量，很大程度上是企业与政府博弈的结果，后期配额具有不确定性，原因在于目前缺乏配额分配方法学支撑体系。因此，交通运输行业科学合理开展碳交易，亟须研究解决配额分配方法学难题。

三是交通运输行业能耗统计与碳排放核算基础薄弱。交通运输行业碳排放面临排放边界不固定、排放源多而杂、难以统计等问题。交通运输行业碳交易仅在试点行政区域内实施，碳排放以注册地统计，是以假定固定的行政边界为基础，对行业的覆盖面不够且不科学，需要加快解决跨区域碳排放以及如何科学合理地确定碳排放量等一系列问题。

四是交通运输行业特殊属性在碳交易机制设计中体现不足。公交优先战略是交通运输低碳发展的重要举措，如北京市大力发展公共交通，北京地铁建设、运营和公交运营都进入快速发展阶段，地铁、公交能耗及碳排放具有随运营里程线性增长而增长。公共交通行业的能耗和碳排放在未来一段时间还将继续呈现增长的趋势。目前碳交易体系给予公交、地铁等交通运输企业的配额量没有充分体现交通运输行业特殊性。

五是碳交易体系管控与节能减排工作目标协调性有待提升。现有碳交易体系设计以能源消费总量控制和单耗指标控制为基础，一定程度上使能耗总量和碳排放量具有一定的可替代性，即完成能耗目标基本也不会超越碳排放配额。碳交易的实质是通过市场交易使得减排成本最优，促进全社会各行业的节能减排成本最小，由于交通运输行业的减排成本较高，这就使得交通运输行业减排通过市场配置完成而非自身技术改造升级。

(3)交通运输领域碳交易建议

①积极做好交通碳交易顶层方案设计。一是要重点关注上海、深圳、北京等碳交易试点纳入交通运输领域进展。鼓励上海、深圳、北京等碳交易试点城市的交通运输主管部门积极配合同级发展改革委做好交通运输领域碳排放核算方法与标准及配额分配方法的制(修)订工作，充分反映出交通运输行业的特殊性。二是统筹推进启动港口(固定源)、航空(移动源)、机场(固定源)、轨道交通(固定源+移动源)、城市综合交通枢纽(固定源)纳入碳交易工作。国家碳排放主管部门会同交通运输主管部门并共同研究提出港口、航空、机场、轨道交通、城市综合交通枢纽纳入碳交易体系的工作方案。三是要加快研究论证城际客运、道路货运等交通移动源纳入配额碳交易的可行性。包括对道路运输企业及公众等相关方的影响，要研究解决跨行政区域运输主体的碳排放及碳交易问题。

②研究发布交通碳排放核查方法体系。一是基本建立交通运输企业碳排放核算报告方法体系。研究发布公交出租、轨道交通、港口、航空、运输枢纽、城际客运、道路货运等交通运输领域的企业排放核算报告方法，构建交通碳排放核查方法体系。二是制订交通运输企业温室气体排放核查规范及指南。详细规定了第三方核查机构的资质要求、核查标准、核查程序、核查报告格式，明确要建立第三方核查机构监管机制，编制发布了《交通运输企业温室气体排放核查规范及指南》。

③提前制订交通碳交易配额分配方案。对于交通运输企业而言，公交、地铁等都具有公益性和服务性，是公交优先的需要，同时也要满足乘客越来越高的服务要求，因此交通运输业能耗和碳排放总量在未来一段时期内还将继续增长。配额分配的合理性直接决定纳入碳交易企业的未来发展空间和碳交易市场的交易情况。因此，在实现国家和行业碳减排目标的前提下，

交通运输行业主管部门应积极协调碳排放交易主管部门共同研究提出科学合理的交通碳交易配额分配方案。

④探索交通运输碳抵消机制优化设计。交通运输行业碳减排成本根据不同的措施手段差别巨大,其中交通运输行业的减碳成本要高于全社会减碳成本,在抵消机制设计方面应该给予适当优惠的政策:一是探索放宽交通运输企业抵消机制限制。一方面交通运输企业能使用CCER比例提高至10%～30%,另一方面允许使用经过核定的节能项目碳减排量或林业碳汇项目碳减排量进行抵消。二是积极推动实施交通类CCER开发应用。对暂未纳入碳交易体系的交通运输企业,鼓励开发CCER,并进入碳交易市场进行交易,并提升其可抵消的比例,减少相关限制。三是创新探索交通运输节能减排项目减排核证机制。纳入绿色低碳交通体系建设区域性主题性试点实施方案(经财政部、交通运输部批复)中项目,产生的碳减排量,可以按照一定比例准许抵消。

⑤推荐交通运输行业第三方核查机构。温室气体排放监测能力各行业有所差别,如交通运输行业的大部分碳排放来自移动运输装备,监测难度较大。因此,要根据实际情况,综合考虑交通运输企业的活动特点和温室排放监测难易程度,遴选熟悉交通运输行业实际情况的核查机构。

⑥组织开展交通运输碳交易试点工作。一是交通碳交易试点区域范围。建议在交通运输节能减排和环境保护的重点城市和区域开展试点工作,如将河北、山东、内蒙古,与北京、天津构成京津冀蒙鲁区域性交通碳交易试点地区,同时在上海、重庆、广东、湖北、深圳开展省级和市级层面的交通碳交易试点工作等。二是交通碳交易纳入行业范围。包括公交、出租、港口、航空、机场、轨道交通、城市综合运输枢纽、城际客运、道路货运。三是交通碳交易纳入时序问题。按照碳交易试点的总体安排,统筹考虑交通运输固定源和移动源的特征,提出分阶段纳入试点工作方案。

⑦发挥交通行业主管部门支撑性作用。交通运输行业主管部门对交通运输行业能耗和碳排放特点了解最为深入,能够全面掌握本行业发展的实际情况,能够有效地指导和监督行业重点企业参与碳交易。因此,要由交通运输行业节能低碳发展主管部门与国家碳交易主管部门共同推进企业积极参与碳交易工作。包括制订行业交通碳交易资金政策,鼓励交通运输企业参与国内碳交易,把组织引导交通运输业参与国内碳交易的相关工作经费纳入交通运输主管部门年度预算。

⑧加强交通运输行业碳交易能力建设。一是启动交通碳排放数据管理行动。依托交通碳交易试点工作,推动建立交通行业温室气体排放清单数据库,支撑碳交易配额分配方法再设计优化,实现大数据支撑下的交通运输行业应对气候变化(低碳发展)规划和配套政策的研究决策模式。二是建立交通碳交易人才培养机制。结合交通运输行业纳入碳交易体系的进展,开展专题为交通碳交易机制建设、运行和管理等方面的培训班,建设交通碳交易专业人才队伍,建设交通运输业碳交易专家库。三是加强交通碳交易信息交流共享机制。建立交通运输碳交易宣传培训制度,提升各级交通运输行业主管部门和重点交通运输企业对碳交易机制和碳交易市场管理的理解。增强交通运输企业碳排放控制与碳资产管理的认识,提升交通运输企业绿色低碳竞争力。

(4)交通碳交易建议与展望

一是交通运输行业主管部门深入参与交通运输碳交易机制设计。交通运输行业节能减排与应对气候变化主管部门要与国家碳交易主管部门建立工作协调机制,围绕交通运输碳交易板块进行系统研究和设计、共同研究发布核算方法和配额分配方案,积极协调解决交通运输行业应用碳排放权交易过程中的重大问题。如制订发布能够完全适用交通运输行业的核算方法学,加深对不同子行业配额方法的研究,提出符合交通运输实际的配额分配方案。

二是交通运输碳交易体系将全面促进行业碳排放大数据库建设。碳交易体系纳入交通运输行业,将进一步推进行业能耗统计与碳排放核算工作,有助于破解当前行业能耗碳排放底数不清的难题。未来将分阶段推进该项工作,第一阶段是研究发布交通运输企业温室气体排放量化和报告规范及指南。第二阶段是开展交通运输企业温室气体排放清单编报专项工作。第三阶段是启动建立交通运输温室气体数据库。第四阶段是基于数据分析,提出碳配额优化思路和方法,支撑交通碳交易制度优化及国内碳交易市场发展。

三是交通企业碳资产管理理念形成,行业碳减排激励机制建立。随着全国碳交易市场建设,交通运输行业逐步参与,碳排放权资产将被越来越多的交通运输企业关注和重视。同时,碳排放权抵押贷款、碳期货、碳期权等产品的出现,将进一步构建完善碳金融市场,交通运输企业也是这个市场的重要参与方。未来,交通企业将更加积极地推动节能低碳发展,企业内部将由战略、财务、技术部门共同组成碳资产管理团队,通过碳资产的科学管理运营,实现最优成本减排,促进交通运输技术升级。

四是创新建立交通运输碳账户与交易制度,设立低碳交通基金推动行业升级发展。随着中国交通运输碳交易实践的推进,对交通运输各子行业将进一步细化深入研究,碳交易体系管控可能是交通运输企业,也可能是单个交通运输装备主体。如针对公交、出租、港口、航空、枢纽、机场可以企业主体进行管控,但针对道路货运、社会车辆则需要建立碳账户制度,根据车用能源、车型等确定其需要购买的碳配额,形成低碳高效出行将有多余配额在市场销售获取收益机制,通过碳账户与交易制度激励低碳交通实践。同时交通初始配额收入资金,可通过公私合营模式设立低碳交通基金,投资具有收益的低碳交通基础设施和运营活动,补贴公共交通发展等惠及群众的领域,完善低碳交通运输体系建设的投融资渠道。

7.4.2 项目碳市场

(1)交通运输领域碳交易 CDM 项目开发现状

①项目地域分布。联合国将 CDM 项目划分为 15 个行业范围,交通运输业为第七类。目前,全球范围内注册成功的交通领域的 CDM 项目共计 30 个,约占总项目数量的 0.4%。印度是交通类 CDM 项目最大的东道国,占了交通类 CDM 总数的 33.3%,其次分别是哥伦比亚、中国和墨西哥。2003 年,印度建立了国家清洁发展机制委员会(NCDMA),负责评估和批准项目,推动 CDM 在印度的发展。在全球经济增速放缓的背景下,印度经济仍维持高增速,根据印度统计局数据,2016 年第一季度印度 GDP 同比增长 7.9%,成为全世界经济增速最快的经济体,与此同时,其能源消耗与碳排放也将持续增长。目前,印度开展的交通领域 CDM 项目主要集中于电动汽车和大容量快速交通 MRT 项目。国际上最早的交通领域 CDM 项目是 2006 年 12 月哥伦比亚波哥大的新世纪快速公交 BRT 系统,哥伦比亚共有 6 个交通类 CDM 项目,大部分用于建设 BRT 系统。中国首次试水是 2008 年重庆巴士快速交通发展有限公司开发的 BRT 项目,BRT 系统和 MRTS 项目是中国交通领域 CDM 项目的主要实现方式(图 7-8)。

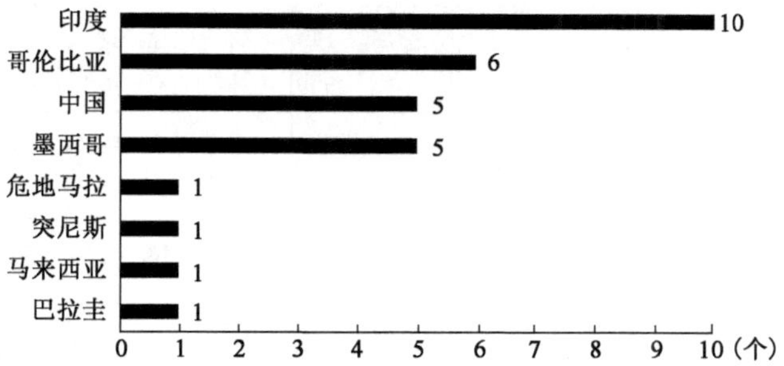

图 7-8 交通领域 CDM 项目东道国分布(数据来源:UNFCCC)

②项目实现方式。交通领域 CDM 项目实现二氧化碳减排的主要方式包括生物燃料、BRT、地铁、模式转换和提高车辆效率,这些实现方式可以分为两类:一是公共交通系统的扩展,如通过完善快速公交 BRT 和轨道交通来提升公共交通的出行率,BRT 项目建设包括 BRT 干线线路、接驳线及相关基础设施,轨道交通项目则包括新建地铁路线、配备新列车、改善进出站口的基础设施等方面,这两类项目占交通类 CDM 项目数的 70%,可以有效提高交通利用效率,整合已有的线路,改变人们的出行方式;二是通过低温室气体排放车辆实现减排,如提高车辆效率和燃料转换,通过加速车辆更新换代,使用天然气、燃料电池、生物燃料等低碳燃料替代传统的高碳燃料(柴油和汽油),降低单位里程的温室气体排放。目前,交通领域 CDM 项目共计签发 240 万吨 CERs,在总签发量中占比较少的 0.14%。已签发的 CERs 基本集中于运输模式转换和 BRT 项目,两类项目签发量几乎占了整个交通领域已签发 CERs 的 90%。就单个项目减排量而言,快速公交 BRT 和大容量快速交通 MRT 的减排效果最为明显(图 7-9)。

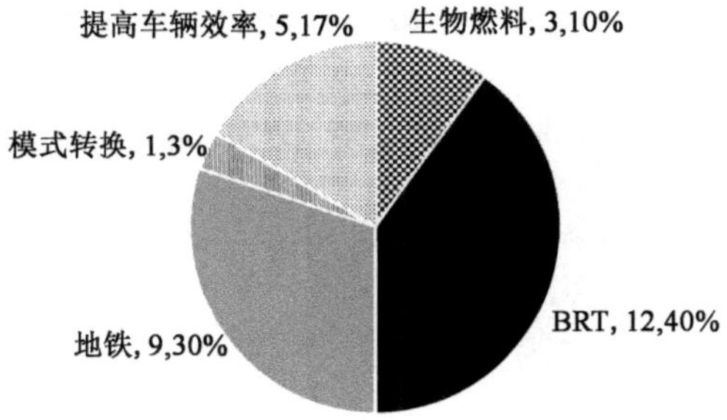

图 7-9 交通领域 CDM 项目类型分布

③项目方法学。方法学是 CDM 项目开发最基础也是最核心的部分。截至 2016 年 3 月底,已经批准的 CDM 项目方法学共计 211 个,其中针对交通领域的方法学有 18 个。按适用减排规模的大小划分,这些方法学可以分为:大规模、统一和小规模。小规模即每年减排的 CO_2少于 6 万吨当量的项目,大部分交通领域项目方法学属于小规模的范畴,占总数的 66.7%,大规模和统一的方法学分别占 27.8%、5.6%。目前,交通领域 CDM 项目应用较为广泛的方法学是 AM0031, ACM0016. 和 AMS-III. C。AM0031 适用于新的或者扩建已有的 BRT 快速公交转换系统,应用于大规模项目。ACM0016 适用于以轨道为基础的 MRTS、LUZ、隔离的巴士专用道、轨道交通基础设施的扩建等,属于大规模统一方法学,印度德里地铁和中国贵阳 MRTS 均应用了该方法学。AMS-III. C. 指通过低温室气体排放车辆实现减排,如电动汽车或混合动力交通工具,项目年减排量通常小于 6 万吨二氧化碳(表 7-6)。

交通领域 CDM 项目方法学应用情况 表 7-6

方法学	含　义	类型	应用项目数	代表性项目名称
AM0031	快速公交系统	大规模	10	哥伦比亚波哥大新世纪 BRT、中国重庆 BRT、中国郑州 BRT、中国兰州 BRT
ACM0016	MRT 项目	大规模统一	9	墨西哥 EDOMEX 快速公交系统、印度德里地铁、中国贵阳 MRTS 项目
AMS-Ⅲ.C.	电动和混合动力交通工具产生的减排	小规模	6	印度 EKO 电动汽车项目、印度 Hero 电动汽车项目
AMS-Ⅲ.U.	用于 MRTS 的有轨电车	小规模	1	哥伦比亚麦德林有轨电车
AMS-Ⅲ.T.	植物油的生产和在交通中的运用	小规模	1	植物油燃料品在巴拉圭机动车辆中的应用
AMS-Ⅲ.AT.	通过在商业货运车辆上安装数字式转速记录器提高能效	小规模	1	马来西亚 Nittsu 公司通过将数位式行车纪录仪应用于道路货物运输提升燃料利用效率
AMS-Ⅲ.AQ.	在交通运输中引入生物压缩天然气	小规模	2	中国安阳市有机废物年生产 4000000m^3 沼气示范项目

④项目收益。交通运输领域 CDM 项目收益主要来源于项目运营收益和预计 CERs 收入。预计 CERs 收入实际上是项目的潜在收入，通常取决于项目减排量和减排量交易价格。注册 CDM 项目要求具备额外性，基准内含收益率(IRR)是衡量 CDM 项目是否具有额外性的比较标准。当项目运营收益率比基准 IRR 低，或者考虑 CERs 收入后的 IRR 比基准 IRR 高，那么认为该项目具有额外性。基准 IRR 通常根据东道国的加权资本成本确定，由于项目开发商希望满足 CDM 项目注册要求，基准 IRR 通常有高估的倾向，但同时也降低了投资吸引力(表 7-7)。

交通领域 CDM 项目收益率情况 表 7-7

项 目 名 称	投资额(百万美元)	年减排量(万吨二氧化碳)	单位减排量投资(美元/吨二氧化碳)	不考虑碳交易IRR(%)	基准IRR(%)	考虑碳交易IRR(%)
植物油燃料品在巴拉圭机动车辆中的应用	2.1	171.9	123.1	-12.0	7.5	19.0
哥伦比亚巴兰基亚 Transmetro 快速公交系统	153.9	558.3	2756.7	11.9	12.0	13.7
哥伦比亚麦德林 Metroplus 快速公交系统	286.9	1234.8	2323.5	—	8.0	14.2
墨西哥 Metrobus 快速公交系统：2-13	1266.9	1346.0	9412.5	-4.5	7.0	—
中国安阳市有机废物年生产 4000000m^3 沼气示范项目	78.8	507.4	1553.0	5.4	10.0	11.0
印度盖尔公司在加齐普尔的垃圾填埋和气体回收 CDM 项目	3.9	93.4	413.1	6.5	17.7	—

⑤项目碳交易。发展中国家的企业将 CERs 出售给政府基金、碳基金、中间商、运输公司或其他相关机构获取项目额外收入,CERs 进入发达国家市场。目前,交通运输 CERs 的交易对手方由来自瑞士、西班牙、荷兰、日本、瑞典和英国六国的买家构成,其中瑞士格鲁特咨询公司是最具代表性的买家,该公司创始人格鲁特博士开发了《快速公交系统项目基准线方法学》,格鲁特咨询公司购买了哥伦比亚波哥大新世纪 BRT、中国郑州 BRT、印度德里地铁、中国重庆 BRT 等 15 个交通类项目的核证减排量。其他机构包括西班牙政府和碳基金、瑞典政府、日本碳融资株式会社、日本运通公司等均参与了交通 CERs 的购买。

(2)交通运输领域 CDM 项目实践对中国的启示

2012 年后,项目碳交易进入发展低谷期。虽然多哈气候大会确定保留《京都议定书》清洁发展机制,但国际上质疑 CDM 的呼声不断。CDM 减排规模有限,项目分布、收益存在失衡现象,公平性为人诟病。当前,项目碳交易仍面临较大不确定性:一是部分发达国家为逃避强制性减排义务退出第二承诺期,动摇了原发展向好的碳市场根基,二是发展中国家与发达国家未能在减排义务、气候资金、技术转让等方面未达成共识。2012 年后,CDM 碳市场接连受挫,价格暴跌,中国作为全球 CDM 项目最大的卖家,也将面临严峻考验,由国外转向国内,发展中国自愿核证减排(CCER)交通项目成为重要出路。

获国家发改委批准,但未注册的项目,已注册未签发 CERs 或已签发 CERs 的项目均可开发为 CCER 项目。2016 年 1 月,国家发展改革委发布《关于切实做好全国碳排放权交易市场启动重点工作的通知》,加快推动 2017 年启动全国碳交易市场,其中 CCER 项目也是中国碳交易市场的重要组成部分。

从 2014 年 11 月 25 日,签发第一批 CCER,截止到 2015 年 8 月 31 日,已签发合计 2064 万吨 CCER,7 个试点 CCERs 累计交易量约有 1105 万吨。在国内碳市场建设过程中,交通运输领域自愿核证减排(CCER)项目已经在清洁能源公交车应用和大容量快速交通系统有所实践,如北京液化天然气(LNG)公共交通项目是中国第一个公示交通运输领域的 CCER 项目,另外北京地铁 16 号线工程、郑州快速公交 BRT 工程项目项目也在积极推进实践中。

国家发展改革委发布《温室气体自愿减排交易管理暂行办法》。目前已有的交通 CCER 方法学包括:快速公交系统的方法学、高速客运铁路方法学、公交车使用 LNG 减排的方法学、道路客运车辆发动机改造的方法学、公共汽车通过使用适配后的怠速停止装置提高交通能效的方法学、商业货运车辆上安装数字式转速记录器提高能效的方法学、电动和混合动力汽车的方法学、商用车队中引入低排放车辆或技术的方法学等。

交通运输领域是低碳减排的重点领域之一,应加快交通运输领域配额市场和项目市场建设,促进中国交通运输温室气体减排。总体而言,中国交通运输领域 CCER 项目开发仍处于起步阶段,需要从以下四个方面继续推进构建符合交通运输特征的项目碳交易体系。

一是借鉴交通 CDM 经验,加快中国交通项目碳交易实践。从国际交通 CDM 项目开发经验来看,交通运输领域项目碳交易的思路主要包括:减少每公里排放、减少每运输单位排放、减少出行距离和次数以及三种方法的结合。一是减少每公里的排放可以通过提高效率(如利用新技术或改善车队管理方法)、改善基础设施或使用低碳燃料替代等方式来实现;二是减少每运输单位排放通过模式转换、使用大运量的交通工具、提高客座率或运载率(如快速公交系统、大容量快速交通)等措施;三是减少出行距离通常是通过行为转变减少私家车的使用频率,或是属于空间规划的范畴。

国际上发展较为 BRT 和 MRT 项目可以作为国内交通领域 CCER 项目的优先发展思路。BRT 和 MRT 是已开发的 CDM 项目中具有代表性的项目,在交通领域已签发的 CERs 中占有较大比重,由于其具有安全性高、污染小、运量大等优势,未来也具有较大开发可能性。另外,交通运输领域应用清洁燃料和新能源汽车开发项目也有一系列案例可以借鉴,未来应该加快此类项目开发与实践。

二是注重方法学开发应用,支持交通项目碳交易实施。方法学是项目碳交易的核心要素,注重新方法学开发和既有方法学的应用,有助于交通运输领域项目碳交易实施。目前已有的交通 CCER 方法学已经充分借鉴了交通运输 CDM 方法学的经验,为我国开展交通运输领域项目碳交易奠定了坚实的基础。由于交通运输领域特殊性,交通领域 CCER 项目获得备案的数量有限。CCER 项目申请需要与之匹配的方法学,应加快研究交通类自愿减排核证方法体系,帮助交通企业通过 CCER 形式参与碳交易市场,获得相应减排收益。

三是积极探索创新机制,丰富交通运输碳交易体系。交通运输行业碳减排成本根据不同的措施手段差别巨大,其中交通运输行业的减碳成本要高于全社会减碳成本。因此,要充分考虑交通运输行业的特殊性,在机制设计方面应该积极探索创新。一是积极推动实施交通类 CCER 开发应用。对暂未纳入碳交易体系的交通运输企业,鼓励开发 CCER,并进入碳交易市场进行交易,并提升其可抵消的比例,减少相关限制。二是探索放宽交通运输企业抵消机制限制。一方面交通运输企业能使用 CCER 比例提高至 10% ~30%,另一方面允许使用经过核定的节能项目碳减排量或林业碳汇项目碳减排量进行抵消。三是探索交通运输节能减排项目减排核证机制。纳入国家绿色低碳交通体系建设区域性主题性试点实施方案(经财政部、交通运输部批复)中项目,产生的碳减排量,可以按照 CCER 规则准许抵消。

四是建立低碳交通基金,形成低碳交通发展激励体系。在建立全国碳交易市场进程过程中,积极开发交通运输 CCER 项目,同时推动建立交通运输碳交易制度体系,引导重点交通运输企业参与国内碳交易市场,研究建立交通运输碳账户制度,根据车用能源、车型等确定其需要购买的初始碳配额,形成新能源汽车应用、公众低碳出行产生的碳减排量可通过碳交易市场获取收益的激励机制;CCER 项目交易收益国家适度提成收入和交通运输碳账户制度下交通初始配额收入资金通过公私合营模式设立绿色低碳运输发展基金,投资具有收益的低碳交通设施和运营活动,补贴公共交通发展等惠及群众的领域,完善低碳交通运输体系建设的投融资渠道,形成全新的低碳交通发展激励体系,支撑建设绿色低碳交通运输体系。

7.5 低碳交通融资策略

《交通运输节能环保"十三五"发展规划》,明确要求加快推进绿色低碳交通运输体系建设。根据交通运输行业要完成"十三五"时期节能减排目标,资金需求约千亿元。"十三五"时期,我国财政体制改革中,中央层面的交通运输绿色发展财政性资金大幅缩减,而且补助项目类型仅限于靠港船舶使用岸电项目。地方财政性资金政策相对缺位或投入有限,加上节能环保投入总体仍处于"市场失灵"阶段,致使企业投入缺乏积极性。国内节能环保市场化手段探索运用滞后,导致交通运输行业绿色发展处于财政性奖励资金有限,资金投入明显不足的局面，将严重影响绿色低碳交通运输体系建设进程。

一是继续使用好有限的财政资金。一方面使用安排好岸电资金，积极推进船舶节能减排；另一方面，要结合国家财税体制改革的思路，加强对地方交通运输主管部门指导，争取由地方人民政府统筹管理的节能减排资金向交通运输领域增加投放比重。

二是加快研究设立绿色低碳交通发展基金。结合国家设立绿色发展基金的总体安排和思路，提出绿色低碳交通发展基金，通过公私合营模式，以有限政府资金撬动社会资本投资。如果能按“基金规模1000亿元，中央财政直接出资比例不低于10%，具体比例视产业基金募资情况确定”进行设立绿色低碳交通发展基金，那么该项投融资措施将成为为“十三五”期交通节能减排资金来源主要组成部分。

三是引导绿色债券、绿色信贷资金投放到交通运输节能低碳领域。目前我国绿色债券发行规模已达2200亿元，应加快交通行业绿色债券评级细则，加快引导绿色债券资金进入交通领域；绿色信贷余额稳步增加，加强金融机构与交通节能减排主管部门信息交换，制定《绿色低碳交通信贷指引》，促进信贷资金进入交通运输节能减排领域。若能建立良好的绿色交通金融评价评级和信息共享机制，绿色债券和绿色信贷将成为交通运输节能减排资金的重要来源。

四是稳步参与国内碳交易市场，积极开发利用CCER项目。2017年将启动全国碳交易市场，预计未来碳交易市场规模可达千亿元。短期内交通纳入配额碳市场主要在局部试点探索，交通运输企业是否能通过配额碳交易市场获益，将依赖碳交易核算方法、配额方法制定过程中是否充分反映了行业特殊性；交通运输CCER项目可以成为交通运输企业碳减排收益的来源之一，但目前交通运输CCER项目开发过程中面临着规模小、核查相对复杂等问题，若能在项目审核和抵消机制方面有优惠政策设计，将有助于激励具有分散性特点的交通运输项目碳减排意愿。

五是抓紧提高能效管理水平。可引导交通用能企业按照节能照明技术、建筑节能相关技术、清洁能源利用技术、其他车辆节能技术和太阳能光伏、岸电技术的顺序循序渐进地开展合同能源管理的应用。

总之，应按照“财政资金+社会资金”共同支撑交通运输行业节能减排投融资工作的思路，充分利用有限财政资金，全面挖掘和引导绿色基金、绿色债券、绿色信贷的资金进入交通运输节能减排领域，科学合理应用碳交易、合同能源管理等市场机制，拓展交通运输行业节能减排投融资渠道，保障绿色低碳交通运输体系建设。

参考文献

[1] 孙贵安.公路交通运输的节能对策[J].综合运输,2005,(05):17-20.

[2] 蔡凤田,刘莉,韩立波.公路运输能源消耗现状及其节能降耗对策[J].交通节能与环保,2006,(03):24-27.

[3] 孙章,蒲琪.城市轨道交通概论[M],人民交通出版社,2010.01

[4] 杨兆升,于德新.智能运输系统概论.3版.[M],人民交通出版社股份有限公司,2015.08

[5] 交通运输部.《交通运输行业重点节能低碳技术推广目录(2016年度)》.[EB/OL].[2017-08-16] http://zizhan.mot.gov.cn/zfxxgk/bnssj/zhghs/201708/t20170816_2816527.html

[6] 樊永涛,李夏苗.铁路能耗因素分析及节能措施研究[J].管理观察,2009,No.366(17):232-233.

[7] 邓云川.节能变压器技术及其在电气化铁路中的应用分析[J].高速铁路技术,2015,v6,(01).

[8] 中国民用航空局.《民航节能减排专项资金项目指南(2016-2018年度)》[EB/OL].[2015-07-06] http://www.caac.gov.cn/XXGK/XXGK/ZFGW/201601/t20160122_27722.html.

[9] 孙洪磊,吕继兴,胡徐腾,李建忠,付兴国,等.航空公司应用航空生物燃料的成本效益分析[J].化工进展,2014,v.33;No.272(05):1151-1155.

[10] 殷明杰.汽车驾驶与维护对汽车油耗的影响[J].实用汽车技术,2007,(3): 37-38.

[11] IPCC. Climate Change 2007: The fourth assessment report of the intergovemental panel on climate change [M]. England: Cambridge University Press,2007.

[12]《省级温室气体清单编制指南》[R].国家发改委,2011.

[13] 张树伟,姜克隽,刘德顺.城市客运交通的发展与能源消费——分析与情景模拟[J].城市问题,2006 (09): 61-64.

[14] 余岳峰,胡建一,章树荣,等.上海能源系统MARKAL模型与情景分析[J].上海交通大学学报,2008,42(3):360-364,369.

[15] 毛显强,马根慧,刘琴,等.北京市实行机动车排放欧洲标准的环境效果分析[J].环境学与技术,2011,34 (5): 193-198,202.

[16] 周健,崔胜辉,林剑艺,等.基于LEAP模型的厦门交通能耗及大气污染物排放分析[J].环境科学与技术,2011,34 (11):164-170.

[17] 黄成,陈长虹,王冰妍,等.城市交通出行方式对能源与环境的影响[J].公路交通科技,2005,22(11):163-166.

[18] 朱松丽,姜克隽.北京市城市交通能源需求和污染物排放:1998-2020[J].中国能源,2002(06):26-31.

[19] Lee, J. , Lukachko, S. , Waitz, I. , Schafer, A. , 2001. Historical and future trends in aircraft performance, cost, and issions. Annual Review Energy Environment26, 167-200.
[20] 绿色债券信用评级探究. 新世纪评级研发部, 2016.07

后　序

“气候变化是当今全球面临的重大挑战。遏制气候变暖，拯救地球家园，是全人类共同的使命，每个国家和民族，每个企业和个人，都应当责无旁贷地行动起来。”——这是时任国务院总理温家宝于2009年12月18日在哥本哈根气候变化会议领导人会议上讲话的开场白。

在这次气候大会召开前不久，温家宝总理主持召开国务院常务会议，研究部署应对气候变化工作，明确提出了“加快建设以低碳为特征的工业、建筑和交通体系”的要求。2010年全国交通运输工作会议上，交通运输部正式提出要“加快建立以低碳为特征的交通运输体系”，开启了中国低碳交通运输体系建设的进程。

本书编写组成员为交通运输部规划研究院员工，为交通运输低碳发展边学边干、并肩奋斗，先后深度参与了低碳交通运输体系研究工作，参与起草了交通运输部建设低碳交通运输体系指导意见，深度参与了无锡、武汉、天津、青岛、成都、西安、珠海、宁波、淮安、邯郸、廊坊、聊城、济宁等低碳交通城市试点方案编制工作，参与了中国低碳发展宏观战略研究、“十三五”现代综合交通运输规划、雄安新区交通规划、交通强国战略研究、北京—张家口2022年冬奥会绿色交通规划、海南自贸区交通规划研究、粤港澳大湾区交通规划研究、长三角地区交通一体化发展纲要研究中绿色低碳相关研究工作。可以说编写组成员深度参与并充分见证了10年来中国低碳交通事业的发展历程，正所谓十年磨一剑，编写团队编写《交通运输节能低碳的潜力分析及资金策略》专著，把积累的一些成果和心得与读者分享，因学养所限，有贻笑大方之处，敬请读者雅正。

值此《交通运输节能低碳的潜力分析及资金策略》专著出版之际，衷心感谢国家和交通运输部推动低碳发展的历史机遇，感谢交通运输部法制司、综合规划司、科技司等司局的指导和支持，感谢交通运输部规划研究院院所领导的教诲与关怀，感谢曾经为低碳交通并肩战斗的新老同事。感谢交通运输部科学研究院石宝林院长和江苏省交通运输厅金凌副厅长对本书书稿提出了宝贵的修改意见，感谢北京大学环境与能源学院马晓明教授长期以来对我们研究工作的指导与帮助，感谢中国社会科学院学部委员潘家华研究员拨冗作序，令后生倍感温暖、备受鼓舞！

感谢同事谭晓雨博士、王人洁博士以及北京大学硕士研究生王清华、应鸣岐、万莉为此专著编写所做出的贡献。

感谢人民交通出版社股份有限公司潘艳霞编辑为本专著的出版付出的辛勤劳动。

最后，谨以此书献给默默付出并全力支持我们工作的家人，感恩有你们！

作　者

2018 年 11 月于北京